Für Uli Reebeer,

für Klarheit, Kraft &

Gelassenheit aus der Worten!

Gertrude

Zürich, im Juli 2020

Leserstimmen

„Die Begegnung mit sich selbst zählt zu den intensivsten und wertvollsten Momenten im Leben. Wer, wenn nicht Gerlinde Manz-Christ, besitzt die Tiefe und Weite an Erfahrung, Leaders aus der ganzen Welt in der Natur sich selbst wieder näher und damit weiter zu bringen.

Sie macht dies mit ihrer ganz persönlichen Art des Geschichtenerzählens und wählt eine Form der Begleitung, der man sowohl beim Lesen als auch mit ihr in der Natur nicht entkommen kann und will. Dieses Buch ist für alle Führungspersönlichkeiten geschrieben, die Stärke und Gelassenheit in ihr Leadership bringen wollen, um sich aufgrund der gestärkten Verbindung zu sich selbst auch in der Hektik des Alltags nicht mehr zu verlieren."
– **Mag. Susanna Wieseneder, Executive Counselor und Autorin, Wien**

„Gerlindes Geschichte ist wohl einzigartig. Die gelebte Verbindung aus ihrer jahrzehntelangen internationalen Berufserfahrung und der tief empfunden Naturverbundenheit hat mich von Anfang an begeistert.

Die hohe Kunst der Diplomatie, das feine Gefühl für gesellschaftlichen Wandel und die so bereichernden Erfahrungen mit Wissen über die Natur zeichnen dieses Buch aus. Es braucht oft nur so wenig, ein Hinhören oder eine Geste, um die Welt ein klein wenig mit anderen Augen zu sehen.

Sehr empfehlenswert, schon alleine wegen der spannenden und gleichzeitig inspirierenden Geschichten."
– **Mag. Ruth Swoboda, Naturwissenschaftliche Direktorin, inatura Erlebnisschau, Dornbirn**

„Mit großer Freude habe ich das Buch „Aufatmen. Ankommen." von Gerlinde Manz-Christ gelesen, in dem die Autorin mit viel Herz und Kompetenz eine Lanze bricht für eine stärkere Verbindung zur Natur. Anhand von Begebenheiten aus ihrem eigenen bewegten Leben, die sie zur Rückbesinnung auf alte Erfahrungen und Werte gebracht haben, macht sie Mut zur Veränderung. Ihre Erfahrungsweisheit, kombiniert mit umfangreichem Wissen und praxisnahen Tipps für mehr Freude, Erfüllung und Gelassenheit im Leben, machen dieses Buch zu einem wichtigen Ratgeber für uns alle im digitalen Zeitalter. Eine klare Leseempfehlung!"
– **Beate Brandt, Systemischer Coach, dipl. Übersetzerin, Hamburg**

Es freut mich, dass Gerlinde nach ihrem ersten Buch wiederum offenen Einblick in ihr bewegtes und weltweit erfahrenes Leben bietet. Als eine unserer Montafoner Markenbotschafterinnen hat sie aus eigener Erfahrung gelernt, wie man den Druck im Alltag herausnimmt. Sie gibt in diesem Buch praktische Anleitungen für Selbstfürsorge und Erdung in der digitalen Zeit. Ich nehme aus diesem Buch viel für mich selbst mit und werde mir auch eine „Mutter Zirbe" suchen.
– **Manuel Bitschnau, Geschäftsführer von Montafon Tourismus, Schruns**

Impressum

© 2020 Dr. Gerlinde Manz-Christ

Herausgeber: Manz-Christ AG
Autorin: Dr. Gerlinde Manz-Christ
Umschlaggestaltung, Illustration: Katja Glöckler
Korrektorat: tredition GmbH
Buchsatz und Buchinnengestaltung: Katja Glöckler

Verlag & Druck: tredition GmbH, Halenreie 40-44, 22359 Hamburg
ISBN: 978-3-347-03448-8

Das Werk, einschließlich seiner Teile, ist urheberrechtlich geschützt. Jede Verwertung ist ohne Zustimmung des Verlages und der Autorin unzulässig. Dies gilt insbesondere für die elektronische oder sonstige Vervielfältigung, Übersetzung, Verbreitung und öffentliche Zugänglichmachung.
Bibliografische Information der Deutschen Nationalbibliothek:
Die Deutsche Nationalbibliothek verzeichnet diese Publikation in der Deutschen Nationalbibliografie; detaillierte bibliografische Daten sind im Internet über http://dnb.d-nb.de abrufbar.

Ankommen.
Aufatmen.

Sich selbst wiederfinden
durch Naturverbundenheit

Dr. Gerlinde Manz-Christ

Für Katharina

In großer Dankbarkeit für Gertraud, Johannes,
Hugo und Maria und alle Menschen,
die an mich geglaubt haben, die mich ermutigt haben,
meinem Herzen zu folgen, und die mich –
auf welche Weise auch immer – in meiner
persönlichen Entwicklung unterstützt haben.

Inhalt

Vorwort 17

Einleitung 21

1. Verbindung: Wie uns die Natur zu einem gesunden, entspannten und sinnvollen Leben verhilft 26

Ich war nicht mehr ich, sondern eine Persona
Getrenntsein von der Natur: die Krankheit der Neuzeit
Mein Großvater war mein Held
Verbindung fühlen, Visionen entwickeln
Tipps: Wie Sie sich mit der Natur verbinden

2. Digitalität: Je mehr Digitalisierung, desto wichtiger ist die Erdung 52

Was uns wirklich fehlt
Denken in Oberflächen
Arroganz der Macht
Zwischen Technikangst & Bedenkenlosigkeit einen Weg finden
Tipps: Wie Sie sich in Zeiten der Digitalisierung bewusst erden

3. Druck: Wie wir potenziell zerstörerische Energie in schöpferische Kraft umwandeln 77

Wer macht uns den Druck – andere oder wir selbst?
Wir können nicht gegen uns selbst rebellieren
Sich im Moment verankern

Manchmal reicht ein Atemzug
Tipps: Wie Sie den Druck in schöpferische Kraft umwandeln

4. Selbstfürsorge: Nur wenn ich selbst gut für mich sorge, kann ich anderen Gutes tun 100

Selbstaufopferung und das Leben i.d. Leistungsgesellschaft
Unsere Gaben sind unser Gottesgeschenk
Was die Menschen früherer Zeiten uns heute beibringen
Tipps: Wie Sie sich gut um sich selbst kümmern

5. Vertrauen: Wer sich dem Fluss des Lebens an vertraut, trifft die richtigen Entscheidungen 125

Sich mit dem Fluss des Lebens verbinden
Journey of the Waters
Sicherheit im Außen gibt es nicht
Kopf und Körper müssen zusammenwirken
Tipps: Wie Sie Vertrauen zu sich selbst gewinnen

6. Zugehörigkeit: Mit einer positiven Haltung fängt es an 149

Zwei Wege zur Heilung: Offenheit & Rückmeldung
Schmerzhafte Prozesse
Eine Community schafft Zugehörigkeit
Jeder Tag bietet unzählige Möglichkeiten
Your thoughts create reality
Tipps: Wie Sie Zugehörigkeit erleben

7. Entschleunigung: Nur in der Ruhe können Wurzeln wachsen 177

Entschleunigung ist die Voraussetzung für Verbindung
Trotz aller Technik: Wir sind ein Teil der Natur
Zelebrieren Sie Achtsamkeit
Tipps: Wie Sie entschleunigen

8. Loslassen: Wer Ballast abwirft, macht Platz für Freude und Leichtigkeit 200

Annehmen, was ist
Holding the space
Wir sind alle miteinander verbunden
Ein ewiger Kreislauf
Tipps: Wie Sie loslassen und mehr Freude & Leichtigkeit erleben

9. Sinn: Wie Sie in der Natur Antworten finden 225

Sinn heist, etwas mit Liebe und Hingabe tun
Wenn auf einmal der Sinn fehlt
Gehen Sie raus in die Natur – dorthin, wo Sie zu Hause sind
Je früher die Krise kommt, desto besser
Tipps: So finden Sie den Sinn in Ihrem Leben

Epilog 248

Über die Autorin 250

Bücher zum Weiterlesen 252

Bildquellenverzeichnis 254

Vorwort

Wer sein Gegenüber verstehen will, „der soll – gemäß einem indianischen Sprichwort - einen Tag lang in den Schuhen des anderen gehen."

Vor dem ersten Aufeinandertreffen mit Gerlinde Manz-Christ hatte ich viel über Verhandlungsstrategien, Konfliktmanagement und Reflexion gelesen, doch diese Aussage, so kurz und einfach sie auch klingen mag, ist in meinem Kopf hängen geblieben. Sie hallt heute noch wie ein Mantra durch meine Gedanken, sobald ich spüre, dass mein Gegenüber und ich unterschiedlicher Meinung sind. Dieses Hineinversetzen in die Situation der anderen Person eröffnet Blickwinkel und Perspektiven, die einen förmlich dazu zwingen, sich letztendlich wieder mit der eigenen Person auseinanderzusetzen. Es ist mehr als die bloße Akzeptanz dessen, dass der andere eine andere Haltung hat.

Es geht um das tatsächliche Spüren der Bedürfnisse und die ehrliche Anerkennung des anderen.

Wer in den Schuhen des anderen gehen kann, der ist in der glücklichen Lage, Dinge reflektieren zu können, innezuhalten. Etwas, das weiß Gott nicht schwierig klingt, doch so manch einer scheitert am bloßen Versuch, sich an einem Wochentag eine Stunde lang Zeit für sich zu nehmen. Geschweige denn, sich mit den Bedürfnissen anderer auseinanderzusetzen. Stattdessen hetzen wir von Termin zu Termin, von Kunde zu Familie, von Büro zum Sport - alles möglichst erfolgreich und effizient, immer mit der Intention alles zu geben, weiter nach oben zu gelangen, nur nicht anzuhalten.

Nichtsahnend, was dieser irrsinnige Gesellschaftstrend mit uns macht, streben wir nach Wohlstand, Ansehen und Geltung. Wir haben verlernt, auf uns zu schauen. Wir haben vergessen, welche Werte wirklich zählen. Das Paradoxe dabei: Wir sind uns dessen voll und ganz bewusst! Wo es dem einen ganz recht ist, sich nicht mit konstruktiven Wertvorstellungen herumschlagen zu müssen, verzweifelt der andere an der erfolgreichen Suche nach dem Sinn des Lebens.
Fakt ist: der tägliche Druck, der auf uns lastet, der Stress, dem wir ständig ausgesetzt sind; sie zehren ganz schön an unseren Ressourcen. Körper und Geist bräuchten dringend unsere volle Aufmerksamkeit. Nur beim kleinsten Signal, das uns zugesandt wird,

sollten wir eigentlich ganz genau hinhören. Doch meistens bleibt es ungehört, verdrängt und ignoriert. Wohin das führt, ist uns bewusst. Wir müssen also lernen, uns mit dem eigenen ICH wieder zu treffen, uns zu sozusagen zu „versöhnen" und ihm entsprechend nachhaltige Fürsorge zu gewähren. Dieser Lernprozess ist wie jeder andere nicht ganz einfach, zumal es unzählige Methoden gibt, seinen ganz persönlichen zu finden. Eines aber ist uns allen gemein, nämlich dass wir nicht drum herum kommen, innezuhalten, um herauszufinden, wo unser Weg weitergeht.

Wir müssen uns gestatten, anzuhalten: Einatmen. Ausatmen. Spüren. Oder wie es Gerlinde Manz-Christ formuliert: uns zu erden und uns (wieder) mit der Natur zu verbinden. Das ist ihre Methode, um Klarheit zu schaffen und für sich selbst zu sorgen. Sie führt uns durch faszinierende, emotionale wie lehrreiche Lebensgeschichten, die die beeindruckende Persönlichkeit der Autorin preisgeben. Gerlinde Manz-Christ leiht uns in diesem Werk ihre Schuhe, um einen Moment des Lesens lang darin zu gehen und bringt uns unwillkürlich dazu, den Blick auf uns selbst zu fokussieren.

Anton Josef Kosta, ehemaliger Geschäftsführer,
Raiffeisenkasse Bruneck

Einleitung

Wir konnten es wie immer kaum erwarten. Wann kam sie endlich – die Brücke? Da! Wir sahen sie! Und schon rollte der petrolfarbene VW Käfer meines Großvaters auf die alte gedeckte Holzbrücke über die Ill. Weil sie Seitenwände und ein Dach hatte, fühlte es sich so an, als würden wir in einen Tunnel hineinfahren. Kaum war der Käfer auf der Brücke, wurde es stockdunkel. Das Auto rumpelte über die alten Holzplanken. Unter uns rauschte das Wasser. Würden wir es auch dieses Mal heil ans andere Ufer schaffen?

Das stand wohl nicht wirklich infrage – aber dennoch fühlte es sich jedes einzelne Mal nach einem großen Abenteuer an, wenn wir über diese Brücke fuhren. Immer hatten wir ein kleines bisschen Angst mit im Gepäck. Nicht nur wegen der alten Planken auf der Holzbrücke – die es im Übrigen immer noch gibt. Nach Abenteuer fühlten sich diese Ausflüge ins Gargellental auch deshalb an, weil zumindest wir

Kinder immer befürchteten, von der Polizei angehalten zu werden. Unser Auto war schließlich viel zu voll! Vorne im Käfer saßen mein Großvater – er war der Fahrer – und auf dem Beifahrersitz meine Mutter. Hinten saßen wir drei Kinder und manchmal auch meine Großmutter. Zwischen uns und über uns hatten wir alles gestapelt, was für unseren Ausflug wichtig war: Campingtisch, Stühle, Proviant, Decken. Mit anderen Worten: Das Auto war hoffnungslos überladen. Und unser Großvater hatte uns so viele Geschichten von Schmugglern in den uns umgebenden Bergen des Montafons erzählt – auf den Berggipfeln verläuft die Grenze zur Schweiz – dass in unserer blühenden Kinderphantasie die Polizisten hinter jeder Ecke auf uns warteten, um unseren Ausflug zu beenden. Wie durch ein Wunder geschah dies nie, genauso wenig, wie die Brücke unter unserem vollbeladenen VW Käfer einstürzte, und wir erreichten unser Ziel immer unversehrt.

Nach der Brücke über die Ill bogen wir ins Gargellen-Tal ab. Dort fließt der Suggadinbach. An ihm entlang schlängelt sich eine kleine Straße. Damals führte sie noch durch dichten Wald, die Gegend war vollkommen unbebaut. Wir durchquerten Waldpassagen, fuhren aber auch durch Wiesen und Felder, immer begleitet

vom Suggadinbach und dem ständigen Wechsel von Hell und Dunkel. Mein Großvater hatte einen Bruder im Gargellen, er fuhr oft dorthin, um ihm bei der Ernte oder anderen Arbeiten zu helfen, und ich weiß, dass er dieses Tal sehr geliebt hat. Hier gab es viele Kraftorte, die er kannte. Etwas von dieser Anziehung übertrug sich immer auch auf mich, wenn wir einen Ausflug dorthin machten, und ich spürte schon auf der Autofahrt, dass es ein besonderer Tag werden würde. Irgendwann kamen wir an unseren Ziel an, für mich als Kind nach einer gefühlten Ewigkeit, tatsächlich waren es nur 12 Kilometer Autofahrt von unserem Wohnort Schruns hierher, zu dieser Lichtung am Suggadinbach, ein kleines Stück entfernt von der Straße und anderen Wegen. Wir schleppten all unsere Ausrüstung und unseren Proviant auf die Lichtung und nahmen erst einmal eine köstliche Jause zu uns. Nirgendwo anders schmeckten Landjäger, Speck und Brot so gut wie draußen im Wald!

Nach der Jause spielten wir. Meine Brüder bauten Dämme am Fluss. Ich lief in den Wald hinein, verlor mich nicht nur zwischen den Bäumen, sondern auch in der Zeit. Ich dachte mir Geschichten aus, war völlig vertieft und aufgelöst, es fühlte sich alles märchenhaft an. Je nachdem, wo ich gerade war, klang der Fluss anders – er plätscherte mal wilder, mal sanfter. Es war die schönste Musik, die ich mir vorstellen konnte, und wenn ich an den Abenden nach diesen Ausflügen ins Bett ging, stellte ich mir diese Musik vor und ließ mich von ihr in den Schlaf wiegen.

In diesen Stunden im Gargellental war ich sehr glücklich – ich befand mich in einer anderen Welt, es gab weder Probleme noch Sorgen, keine Hausaufgaben, keine sonstigen Pflichten, einfach nur zeitloses Sein in diesem Wald, an diesem Bach, in dieser grandiosen Natur. Ich erinnere mich auch heute noch unglaublich gut daran.

Die Natur hat mir in meinem späteren erwachsenen Leben immer wieder geholfen, stressige Situationen besser zu bewältigen und Schwierigkeiten zu überwinden. Sie ist eine enorme Kraftquelle für mich – und wird es immer mehr, je schneller, hektischer und digitalisierter unser Alltag wird. Mit diesem Buch möchte ich sie gerne mitnehmen – quasi über die alte Holzbrücke entführen und einladen, mit mir den Weg hin zu einer intensiven Naturerfahrung zu gehen und auf diesem Weg nicht nur die Verbindung zur Natur, sondern auch zu sich selbst zu spüren. Diese Verbindung mit der Natur und sich selbst ist aber nicht nur gut für Sie als Individuum – sondern Sie tun damit auch etwas für Ihre Familie, für Ihr Team, für Ihr Unternehmen und letztlich für den gesamten Planeten. Wie weit die Auswirkungen einer Verbindung mit der Natur über Sie selbst hinausreichen – das lesen Sie auf den nun folgenden Seiten. Ich wünsche Ihnen bereichernde und wirksame Lektüre!

Schaan (Liechtenstein), im Frühjahr 2020
Dr. Gerlinde Manz-Christ, MBA

Kapitel 1

Verbindung: Wie uns die Natur zu einem gesunden, entspannten und sinnvollen Leben verhilft

Tannenduft. Ich rieche Tannenduft. Mitten auf der 3rd Avenue in Manhattan, über die ein gelbes Taxi das nächste jagt.

Es war Ende der 1990er-Jahre in New York und ein sonniger Frühherbsttag mit kühler, klarer Luft. Ich war damals stellvertretende Generalkonsulin am österreichischen Generalkonsulat. In der Mittagspause jenes Tages verließ ich unser Bürogebäude an der Upper Eastside, ein elegantes Backsteinhaus mit großem Entrée in der 69. Straße, ganz in der Nähe des Central Parks. Ich hatte für den Abend Gäste eingeladen und wollte ihnen Schweizer Käse servieren, einen Gruyère. Diesen intensiv würzig schmeckenden Käse gab es in Grace's Marketplace an der 3rd Avenue. Viele Expats kauften in diesem Deli ein, denn er führte ein gutes Sortiment europäischer Spezialitäten. Gedankenverloren eilte ich zu dem Laden, dachte an die Arbeit, die hinter mir lag, und an die Abendeinladung, für die ich noch weitere Vorbereitungen zu treffen hatte. Im Deli ließ ich mir dann ein großes Stück Gruyère geben, plauderte kurz mit der Verkäuferin, bezahlte und ging wieder hinaus auf die 3rd Avenue. Ich sah eine kleine Lücke im stetig fließenden Autoverkehr, setzte einen Fuß vom Gehsteig auf die Straße und schaute gleichzeitig nach links, ob auch wirklich keine Autos mehr kamen.

In dieser Sekunde geschieht etwas Merkwürdiges. Auf einmal scheint die Zeit stillzustehen. Ich rieche Tannenduft. Und ich fühle Sonnenwärme. Als stünde ich nicht an einem kühlen, frischen Herbsttag an der 3rd Avenue, einer der meistbefahrenen Straßen Manhattans, sondern an einem Sommertag auf Waldboden, der von heruntergefallenen Tannennadeln weich ausgepolstert und von der Sonne aufgewärmt ist. Dieser unvergleichliche Duft! Diese ganz besondere Wärme! Ich kann alles riechen und fühlen.

Ich bin mit der einen Gehirnhälfte beim Straßenverkehr, mit der anderen bei diesem intensiven Geruchserlebnis. Ich denke, ich spinne. Gleichzeitig bin ich unendlich glücklich. In der nächsten Sekunde weine ich. Ich kann gar nichts dagegen machen. Denn es ist ein trauriges Glück, das ich fühle. Ich kann nicht dort sein, wo dieser wunderbare Duft und diese Wärme herkommen. Dann gehe ich weiter über die Straße, wie in Trance, beeile mich wegen der heranbrausenden Autos, wische mir die Tränen mit der Hand weg. Ich bin nicht nur traurig, sondern gleichzeitig froh. Ich darf in einer der spannendsten Städte der Welt leben und arbeiten. Hier herrscht eine ganz besondere Energie, für die ich dankbar bin. Dennoch fühle ich eine tiefe Sehnsucht nach der Natur, nach Bäumen, nach dem Duft von sonnendurchwärmten Tannennadeln auf trockenem Waldboden. Es zerreißt mir fast das Herz. Es fühlt sich an wie Liebeskummer. Oder wie Abschiedsschmerz.

Den Nachmittag jenes Tages brachte ich irgendwie hinter mich. Am Abend ging ich nach Hause und kümmerte mich um meine Tochter. In den paar Minuten, die danach noch Zeit blieben, bevor meine Gäste eintrafen, stieg ich hinunter in den Keller. Dort fand ich meine Wanderschuhe in einer Ecke. Ich nahm sie mit nach oben. Zusammen mit Sachen, die ich bisher nur bei Ausflügen in die Natur getragen hatte – eine robuste Hose, eine Lodenjacke und ein T-Shirt – legte ich alles bereit, was ich für eine kleine Wanderung in der Großstadt brauchen würde.

Am nächsten Tag ging ich um sechs Uhr morgens in den Central Park. Ich hatte meine Wanderschuhe an den Füßen und trug die Wanderkleidung, die ich am Vorabend bereitgelegt hatte. Alle anderen Menschen, die mir dort begegneten, hatten Joggingkleidung und -schuhe an. Ich war die Einzige mit Wander-Outfit. Aber das war mir egal. Dort, im Central Park, war ich glücklich – denn es gab Bäume. Zwar keine Tannen, aber das machte nichts. Ich ging eine Stunde auf den Wegen bis zum großen Reservoir und noch ein Stückchen darüber hinaus. Auf dem Rückweg dachte ich mir: „Wow, ich laufe hier rum wie ein Alien, und keinen Menschen interessiert es.

Niemand tippt sich an die Stirn, keiner macht dumme Sprüche. Also kann ich das hier öfter machen. Es scheint allen egal zu sein. Und am Wochenende werde ich richtig wandern gehen." Genau das tat ich dann auch. Ein paar Tage später fuhr ich nach Upstate New York und streifte dort durch die Wälder. So beruhigte ich meine Sehnsucht nach der Natur.

Fürs Erste.

Ich war nicht mehr ich, sondern eine Persona

Während der Zeit, von der ich hier erzähle, hatte ich den typischen Alltag einer Diplomatin. Das hieß für mich: Meine Arbeit fand zum großen Teil am Schreibtisch in meinem Büro statt. Ich hatte aber auch viele Abendtermine: Empfänge in anderen Botschaften, politische Veranstaltungen, offizielle Anlässe – es gab immer irgendwo eine Einladung. Manchmal an fünf Abenden in der Woche. Meine Aufgabe war es, zu hören, was andere Menschen zu sagen hatten, mich zu informieren, gleichzeitig aber auch immer die Interessen unseres Landes zu vertreten und unsere Botschaften zu kommunizieren. Dieses Netzwerken ist ein wichtiges Handwerkszeug der Diplomatie. Gegenseitig Wertschätzung und Respekt zeigen und für alle Eventualitäten die nötigen Verbindungen aufbauen – das war unsere Aufgabe.

Als Diplomatin hatte ich aber immer auch eine Maske auf. Ich war nicht Gerlinde Manz-Christ, sondern eine Persona. Eine Vertreterin meines Landes und seiner Interessen. In dieser Rolle bewegte ich mich. Ich funktionierte. Und darin war ich richtig gut. Bis zu jenem Moment auf der 3rd Avenue, mit einem halben Kilo Gruyère in der Tasche. Ich kann mir bis heute nicht

erklären, warum mich meine Emotionen ausgerechnet dort überwältigten. Immerhin weiß ich heute, dass ich damals – nicht nur in der Situation auf der 3rd Avenue, sondern überhaupt in meinem Leben – wenig geerdet war. Ich war kaum einmal im Hier und Jetzt. Stattdessen grübelte ich oft über die Vergangenheit nach, reflektierte intensiv, was gut und was schlecht gelaufen war. Gleichzeitig machte ich mir Sorgen über die Zukunft oder ging innerlich meine To-do-Listen durch und überlegte, wie ich alles in der vorgegebenen Zeit schaffen könnte. Selbst während der Yoga-Stunden, die ich damals regelmäßig in einem der stylishen New Yorker Fitness-Studios nahm, gelang es mir nicht, mich zu erden. Das bewusste Atmen machte mich zwar ruhiger, aber mir fehlte die unmittelbare physische Verbindung zur Erde.

Und dann kam diese spontane, unvorhergesehene sinnliche Wahrnehmung, mitten auf der 3rd Avenue. Ich roch etwas und nahm etwas wahr – Tannenduft und Sonnenwärme – was eigentlich gar nicht da war. Ganz im Hier und Jetzt, fühlte ich mich mit etwas Größerem verbunden. Es war das, was der amerikanische Philosoph und Autor Ken Wilber eine „Peak Experience" nennt – „a spontaneously occurring, heightened state of awareness".

Von einer Sekunde auf die nächste ist man für eine gewisse Zeit in einem Zustand höherer Bewusstheit.

Aber was genau war da eigentlich in mir aufgebrochen? Im ersten Moment dachte ich: „Jetzt ist mir alles zu viel: zu viel Stress, zu viel Multitasking, ich kann nicht mehr." Aber das war es gar nicht. Es war vielmehr eine viel zu lange unterdrückte Sehnsucht in mir aufgebrochen – die Sehnsucht nach Natur, Bergen und Bäumen.

Ich hatte sie in irgendeine abgelegene Region meines Herzens verbannt – und mich in meine Karriere gestürzt. Innerlich war ich fest davon überzeugt, dass ich diese Sehnsucht nicht zu stark werden lassen durfte, weil sie meinen beruflichen Erfolg zu gefährden schien und ich in New York mit einem ständigen Wunsch nach Naturverbundenheit zwangsläufig unglücklich sein würde. Der imaginäre Tannenduft machte mir jedoch klar: Ich musste etwas tun, damit meine innere Zerrissenheit aufhörte. Auf der einen Seite schätzte ich mein Karriereglück, auf der anderen Seite stand diese riesige Sehnsucht nach der Natur. Das Problem war: Ich hatte keine Ahnung, wie ich diese beiden Bereiche meines Lebens unter einen Hut bekommen sollte.

Als ich zum ersten Mal frühmorgens durch den Central Park wanderte, haderte ich denn auch sehr mit mir. Ich fragte mich: Wie kann ich mein Leben so gestalten, dass ich mich geerdeter und der Natur näher fühle? Wie kann ich diese Natursehnsucht leben, ohne dabei meine Karriere aufs Spiel zu setzen? Muss ich aussteigen? Oder finde ich einen Weg, alles miteinander zu verbinden? Ich durchlebte schon während meiner kleinen Wanderung durch den Central Park und in den Wochen und Monaten danach alle seelischen Konflikte, die sich hinter diesen Fragen verbargen.

Getrenntsein von der Natur: die Krankheit der Neuzeit

Erst viele Jahre später kam die Einsicht: Für eine Verbindung mit der Erde, mit der Natur, muss ich nicht aus meinem Beruf, aus meiner Karriere aussteigen. Ich muss noch nicht einmal aufs Land ziehen, wenn ich das nicht will. Es gibt die Kombination aus Natur und Kultur auch in der Stadt. Ich kann mitten in New York leben und trotzdem mit der Natur in Verbindung sein. Ich brauche dazu nur einen Baum, den ich anschauen und anfassen kann.

Menschen sind niemals von der Natur getrennt. Wir kommen aus der Natur und wir sind ein Teil der Natur. Der französische Philosoph René Descartes begründete im 17. Jahrhundert den sogenannten Dualismus, der Neuzeit und Moderne prägen sollte. Seitdem betrachten Menschen die Welt rein rational und teilen alles, was existiert, in Gedankliches und Stoffliches ein. Descartes verwendete hierzu die lateinischen Begriffe „res cogitans" und „res extensa". Diese Zweiteilung markierte den Beginn des Zeitalters der modernen Wissenschaften – die ein Segen sind, zweifellos. Seither gibt es jedoch eine Spaltung, eine unüberwindbare Trennung zwischen unserer Welt des Abstrakten, der

Physik und Chemie auf der einen Seite – und der Natur im Sinne der materiellen Welt auf der anderen Seite. Diese Spaltung führte zu der Vorstellung, dass wir mit unserem Geist alles beherrschen, auch die Natur. Doch diese Denkweise macht uns krank. Sie umfasst nicht nur die Spaltung zwischen der Welt des Abstrakten und der Natur, sondern auch die Annahme, dass der Mensch aus Leib und Seele bestünde, also aus zwei Teilen, die getrennt voneinander existierten und sich gegenseitig beeinflussen könnten. Dies lässt sich nicht zuletzt daran belegen, dass die moderne medizinische Wissenschaft den Menschen als ein Wesen betrachtet, das lediglich den Gesetzen der Physik und Chemie untersteht. Als wissenschaftlich erwiesen gilt demnach nur, was physikalisch und chemisch nachweisbar ist.

Gespaltenheit ist also eine Krankheit der Neuzeit. Sie lässt uns an unserer Sehnsucht nach Einheit, nach Ganzheit, nach Verbindung verzweifeln. So wie mich damals in New York. Dass wir Teil der Natur sind, hatte ich intellektuell immer verstanden, aber nie vollständig gelebt. Dies zeigte sich unter anderem daran, dass ich meine beiden Welten sehr stark voneinander trennte – auch noch lange nach dem Erlebnis auf der 3rd Avenue. Es gab meine Rollen als Diplomatin, Karrierefrau und Mutter, die mich sehr stark forderten.

Ich tat alles, was dazu gehörte, sehr gerne und mit aller Leidenschaft! Ich war von der Stadt New York beseelt! Und ich wollte meinem Chef beweisen, dass man auch als Mutter sehr wohl Karriere machen und eine wertvolle Mitarbeiterin sein kann. Das alles trieb mich sehr stark an. Und es gab das andere Leben, die Naturverbundenheit. Sie lebte ich in meinen Wanderungen aus, später auch in der schamanischen Ausbildung und in meiner Ausbildung zur Gesundheitsberaterin.

Was mir damals noch nicht gelang: beides miteinander zu verbinden und in Einklang zu bringen. Ich führte zwei Parallelleben. Damit haderte ich viele Jahre lang. Meine schamanischen Lehrerinnen sagten immer zu mir: „The connection is you." Das verstand ich vom Kopf her, aber nicht in meinem Herzen. Da blieb es mir ein Rätsel. Ich sprach jahrelang nicht darüber. Die Menschen in meinem einen Leben wussten nichts von meinem anderen Leben und umgekehrt. Ich befürchtete, die Diplomaten, unter denen ich mich bewegte, hätten eine Augenbraue hochgezogen, wenn sie erfahren hätten, dass ich an „Journey of the Waters" teilgenommen hatte – ein besonderes, zehntägiges Heil-Ritual des Indianerstammes der Apachen. Aber wovor hatte ich eigentlich Angst? Die

Antwort darauf ist schnell gegeben: Ich hatte Angst, mich durch ein solches Bekenntnis zu einer Außenseiterin zu machen. Nicht mehr richtig dazuzugehören. Die selbstverständliche Verbindung zur Zivilisation zu verlieren, so verrückt sich das auch anhören mag. Heute denke ich, dass solche Ängste ganz normal sind. Wir modernen Menschen brauchen unseren gewohnten Ordnungsrahmen: die Sicherheit, die öffentliche Ordnung, den Supermarkt, die Banköffnungszeiten, unsere Verkehrssysteme, die medizinische Versorgung, all das, was unser tägliches Leben so sicher macht. Die Verbindung zur künstlichen Welt ist das, was wir zum Überleben brauchen. Draußen in der Wildnis, auf uns selbst gestellt, würden die meisten von uns bald sterben. Auch wenn wir noch so sehr Teil der Natur sind.

Mein Großvater war mein Held

In dieser Zeit, in der ich mich so intensiv mit meiner Natursehnsucht auseinandersetzte, dachte ich oft an meine Großeltern. Denn sie waren es, von denen ich die tiefe Liebe zur Natur gelernt hatte. Die beiden lebten in Schruns, einem Dorf im Montafon. Das Montafon ist ein 39 Kilometer langes Tal in Vorarlberg in Österreich. Begrenzt wird es im Norden und Süden von Gebirgsgruppen, deren Berge bis auf über 3.000 Meter hinaufreichen.

Omi und Opa waren Selbstversorger auf ihrem ehemaligen Hof und beherbergten immer auch Gäste. Sie arbeiteten hart, freie Wochenenden kannten sie nicht. Doch sie beklagten sich nie. Jedes Jahr am Ende der Sommersaison – Mitte September, wenn die Kühe von der Alp geholt wurden – sagte mein Großvater zu meiner Großmutter: „Mariele, i gang jetzt." Meine Großmutter wusste dann schon, was das hieß: Mein Großvater setzte sich mit seinem gepackten Rucksack auf sein Moped und fuhr von Schruns in Richtung Süden, ins Gargellner Tal, wo einer seiner Brüder lebte, oder in die Silvretta-Gebirgsgruppe. Wohin genau er jeweils fuhr, das wusste meine Großmutter nicht und sollte sie auch nie erfahren. Sie wusste nur:

Irgendwo stellte ihr Mann sein Moped ab und ging in die Natur. Zehn Tage lang wanderte er dann durch den Bergwald, über die Berge, bis zu den Gletschern, verbrachte Zeit auf den Alpen, übernachtete vermutlich in Heustadeln oder Maisässen, die damals an vielen Stellen standen. Wenn er zurückkam, redete er nicht viel. Meist sagte er nur: „Mariele, es isch guat." Was er erlebt hatte, erfuhren wir höchstens aus den Geschichten, die er später den Hausgästen erzählte. Einmal berichtete er, wie er in eine Gletscherspalte gefallen war – je öfter er diese Geschichte erzählte und je mehr Zuhörer er hatte, desto größer und finsterer wurde die Gletscherspalte. Und als er einem kapitalen Hirsch, einem 16-Ender, begegnete, machte er sich vor Schreck in die Hosen. Das war aber alles gar nicht so wichtig. Viel wichtiger war: Wenn er aus den Bergen zurückkam, lachte er viel und ging seiner Arbeit wieder gerne nach. Er war gut gelaunt, ausgeglichen, zufrieden. In einer Zeit, in der es keine Kultur der psychologischen Selbstreflektion gab, so wie heute, holte er sich ganz intuitiv das in der Natur, was er für seinen Seelenfrieden brauchte. Und meine Großmutter gestand ihm das auch zu – sie merkte in jedem Jahr aufs Neue, wenn er wieder unruhig wurde, und ließ ihn ziehen.

Mein Großvater war schon mein Held, als ich ein kleines Mädchen war. An seiner Hand machte ich die wunderbarsten Ausflüge in die Wiesen und Felder rund um Schruns. Und wir wanderten auch bis hinauf in die Berge der Silvretta und des Rätikons, bis zur Schweizer Grenze, sobald ich diesen Berggängen gewachsen war. Dann erzählte er so ausführlich und eindrücklich vom Schmuggeln im Krieg, dass ich mich ängstlich umsah, ob uns denn nicht ein Zöllner mit Gewehr folgte.

In meinen New Yorker Jahren dachte ich oft an diese Zeit. Und nach dem Erlebnis auf der 3rd Avenue beschloss ich, dass ich mich wieder einmal am Vorbild meines Großvaters orientieren wollte: Kurz danach ging ich für zwei Wochen in die Wildnis von Alaska, zusammen mit einer Gruppe von sechs anderen Teilnehmern und einem Guide. Meinen Mann und meine Tochter stellte ich vor vollendete Tatsachen. Das fiel mir nicht leicht – aber diese Reise war mir so wichtig, dass ich nicht bereit war, darüber zu diskutieren. Ich organisierte alles, erledigte die nötigen Einkäufe für die Zeit meiner Abwesenheit, teilte die Nannys ein, die sich in der Zeit um meine Tochter kümmern sollten, und tröstete meine Tochter in ihrem Abschiedsschmerz.

Unsere Gruppe traf sich in Anchorage, flog von dort gemeinsam mit einer kleinen Linienmaschine nach Fairbanks und weiter mit einem gecharterten Kleinflugzeug in die einsame Tundra nördlich des Polarkreises. Dort setzte uns der Pilot an einem Fluss ab. Wir verabredeten Zeitpunkt und Ort, an dem er uns wieder abholen sollte. Dann machten wir uns auf den Weg durch die Wildnis. Es gab keine Wege, keine Wegschilder, keine Elektrizitätsmasten, keine Handys. Nur die Natur und uns. Tagsüber wanderten wir, abends bauten wir die Zelte auf, in denen wir schliefen. Wir badeten in den fünf Grad kalten Flüssen. Zwischendurch fiel Schnee und wir konnten morgens die Spuren von Bären, Wölfen und Elchen sehen, die um unser Lager geschlichen waren.

Diese beiden Wochen in Alaska waren ein Meilenstein in meinem Leben. Denn dort draußen, in der Wildnis, entwickelte ich eine Vision für meine Zukunft: Ich arbeite in der Natur, habe aber trotzdem einen Job, der sich auf dem internationalen Parkett abspielt und bei dem ich meine Diplomatie-Erfahrung einbringen kann. Wie wichtig solche Visionen sind, kann ich gar nicht stark genug betonen. Sie stellen das Ziel dar, auf das wir bewusst und unbewusst all unsere Handlungen ausrichten und es deshalb früher oder später

auch erreichen. So war es auch bei mir: Nicht lange nach meinem Alaska-Aufenthalt bekam ich eine Stelle in der Liechtensteiner Regierung – als Leiterin der Stabsstelle für Kommunikation und Öffentlichkeitsarbeit und damit de facto als Regierungssprecherin.

Meine Vision war Wirklichkeit geworden: Ich arbeitete in einem international ausgerichteten diplomatischen Umfeld und lebte gleichzeitig so naturnah, dass ich von meiner Terrasse einen direkten Blick auf die Berge hatte und jede freie Minute nutzen konnte, um die Wanderschuhe anzuziehen und draußen unterwegs zu sein.

Verbindung fühlen, Visionen entwickeln

Mit meiner Stelle in Liechtenstein hatte ich eine glückliche Synthese gefunden: Ich konnte meine Karriere verfolgen und war dennoch stärker in Verbindung mit mir selbst und der Natur als je zuvor. Diesen Zustand des Verbundenseins zu erreichen, war eine lange Reise für mich. Meine Befürchtung – dass ich, um ihn zu erreichen, zur Aussteigerin hätte werden müssen, die ihre Karriere hinter sich lässt, um fortan in der Natur zu leben – hatte sich nicht bewahrheitet. Das Einzige, was ich brauchte, war, meine Verbindung zur Natur wieder zu spüren und eine Vision daraus zu entwickeln. Der Rest manifestierte sich dann fast von allein. Auch meine Großeltern waren ganz normale, hart arbeitende Menschen – keine Aussteiger. Sie stellten ihr Leben und ihre Arbeit nie in Frage. Trotzdem spürten sie immer wieder, dass sie unruhig wurden und eine Pause brauchten, um Zeit alleine in der Natur zu verbringen. Und sei es nur, dass sie abends nach getaner Arbeit schweigend auf der grünen Bank vor dem Haus saßen und auf die Berge blickten. Auch meine Auszeit in Alaska war dieser Unruhe und dieser Sehnsucht geschuldet. In Alaska schaffte ich es, in Verbindung zu kommen und mich auf den Weg zu machen. Dieser Weg war nicht der Weg von Aussteigern.

Es ging mir nie ums Aussteigen, sondern immer um eine Synthese. Um das Sowohl-als-auch statt das Entweder-oder.

Wie sah mein Leben konkret aus, nachdem ich diese Einsicht gewonnen hatte? Noch lebte ich ja in der Weltstadt New York! Mir half es sehr, ein- oder zweimal im Jahr eine tiefe Naturverbindung einzugehen. So wie bei der Wanderung in Alaska. Das gab mir Kraft. Wenn ich in der Stadt war, achtete ich viel stärker auf die Natur, als ich das vorher getan hatte. So nahm ich auf einmal wahr, dass vor dem Haus, in dem ich wohnte, Bäume standen. Und der Central Park war ja auch voller Bäume!
Ich begann, sie zu beobachten. Welche wuchsen gut, welche waren eher mickrig? Ich suchte mir bewusst bestimmte Bäume aus und setzte mich für eine Meditation in ihre direkte Nähe. Meine Wochenenden gestaltete ich ebenfalls neu. Ich ging zum Beispiel regelmäßig wandern. Unter der Woche legte ich meinen kurzen Weg vom Büro nach Hause nun über einen Umweg in den Central Park zurück. Wenn ich nach Arbeitsende noch Sport machen wollte, ging ich dazu raus in den Park und nicht ins Fitnessstudio. So bewahrte ich mir meine intensiven Naturerlebnisse auch in der Stadt.

Heute kann ich für mich das Fazit ziehen: Wer in Verbindung mit sich selbst und der Natur bleiben möchte, muss eine klare und bewusste Entscheidung dafür treffen. Und einen Weg für sich selbst finden, diese Verbindung zu halten. Dabei ist jede Lösung gut, wenn sie für den Einzelnen passt. Mein Weg ist da nur ein Beispiel von vielen. Ich hatte hier das Glück, von meinen Großeltern eine intensive Prägung mit auf den Weg bekommen zu haben. Bei ihnen spürte ich immer: Wenn ich mit ihnen in den Bergen bin oder unterm Apfelbaum sitze, geht es mir gut. Dieses Gefühl ließ ich dann später immer wieder in wichtige Lebensentscheidungen mit einfließen, beispielsweise in die Wahl meines Studienortes: Ich entschied mich für Innsbruck und gegen Linz oder Wien – weil ich wusste, dass ich in Innsbruck näher an der Natur und auch näher bei meinen Großeltern sein würde. Es kam mir zwischendurch immer mal wieder abhanden, dieses Gefühl. Früher oder später holte mich die Sehnsucht danach aber immer wieder ein. Wir Menschen brauchen Natur, um uns ganz und vollständig zu fühlen – ob uns das nun bewusst ist oder nicht. Wenn wir uns zu wenig mit der Natur verbinden, werden wir krank. Um gesund zu bleiben, brauchen wir die Erdung, das Gefühl, in der Natur zu Hause, ein Teil von ihr zu sein. Angenommen, aufgehoben und beschützt.

Wie Sie sich mit der Natur verbinden und so zu einem gesunden, entspannten und sinnvollen Leben finden

Um Ihre Verbindung zur Natur zu spüren, müssen Sie nicht Ihre Karriere aufgeben oder aufs Land ziehen. Sie werden auch in der Stadt so viel Natur finden, dass Sie den Kontakt zu ihr aufrechterhalten können. Achten Sie dafür bewusst auf Bäume in der Stadt, auf die übrigen Pflanzen, auf die Vogelstimmen am Morgen und am Abend. Nehmen Sie sich Zeit, sich Pflanzen und Blumen genau anzuschauen und den Vögeln zuzuhören. Betrachten Sie den Himmel! Suchen Sie sich einen schönen Sitzplatz, von dem aus Sie das tun können – auf Ihrem Balkon oder in einem Park. Übrigens sind auch Friedhöfe meistens wunderbare stille Orte mit viel Natur!

• Versuchen Sie, jeden Tag mindestens eine Stunde unter freiem Himmel zu verbringen. Vielleicht können Sie ja Ihren Arbeitsweg zu Fuß zurücklegen? Oder Ihr Sportprogramm draußen absolvieren statt in einem Fitnessstudio?

• Verbringen Sie möglichst viel Ihrer Urlaubszeit in der Natur. Lange Wanderungen oder Waldbaden beispielsweise; jeder Aufenthalt in der Natur, ob mit oder ohne intensive Bewegung, ist dafür wunderbar geeignet. Solche Zeiten geben Kraft.

Kapitel 2

Digitalität: Je mehr Digitalisierung, desto wichtiger ist die Erdung

Ich gehe in den Wald hinaus. Setze mich an den Fuß eines Baumes. Höre und beobachte. Je länger ich dort sitze und je stiller ich werde, desto mehr Leben und Bewegung zeigt sich mir. Und desto mehr spüre ich: Ich bin ein Teil dieses großen Ganzen.

Einsamkeit breite sich aus wie eine Epidemie, las ich neulich in einem Wissenschaftsmagazin. Wer sich einsam fühlt, hat ein signifikant höheres Risiko, Depressionen, Angststörungen, Schlafstörungen, Erkrankungen des Herz-Kreislauf-Systems oder Demenz zu entwickeln. Einsamkeit macht krank. Einsamkeit ist aktuellen Studien zufolge so gesundheitsschädigend, als ob man 15 Zigaretten pro Tag raucht.

Großbritannien hat deshalb eine bemerkenswerte Initiative auf den Weg gebracht: Dort gibt es seit Anfang 2018 eine Ministerin für Einsamkeit. Sie treibt viele verschiedene Projekte voran, die der wachsenden Einsamkeit in der Bevölkerung entgegenwirken sollen.

Eines davon: Die Postboten der Royal Mail werden darin geschult, wieder die Rolle einzunehmen, die sie früher einmal innehatten. In der guten alten Zeit brachten die Postboten nämlich nicht nur die Post, sondern hatten auch mal Zeit für ein Schwätzchen bei einer Tasse Tee. Den Postboten fiel auf, wenn eine alte Dame nicht wie sonst die Tür aufmachte. Dann riefen sie den Arzt oder verständigten die Angehörigen. Postboten wussten auch, was in der Nachbarschaft los war und konnten die Menschen eines Viertels vernetzen. In Zeiten von Dumpinglöhnen und Innenstädten voller Lieferwagen der Paketdienste ist es eine beinahe utopische Vorstellung, dass isolierte Menschen über die Postboten wieder in Kontakt zu ihrem Umfeld kommen – und doch will die britische Regierung mit diesem Projekt genau dafür sorgen. Der Postbote als Seelsorger. Und mit einer wichtigen Mission: In Großbritannien gaben rund 200.000 Senioren an, höchstens einmal im Monat ein Gespräch mit einem Verwandten oder Freund zu haben. Dies sei die „traurige Realität des modernen Lebens", sagte die damalige britische Premierministerin Theresa May, als sie die Einrichtung eines Einsamkeitsministeriums bekanntgab.

In Deutschland, wo sich laut einer Studie jeder zehnte Mensch einsam fühlt, gibt es zwar noch kein Einsamkeitsministerium, aber dennoch etliche Initiativen, die sich mit diesem Phänomen beschäftigen. So zum Beispiel das Augsburger Künstlerkollektiv Utopia Toolbox. Es hat Mitte 2018 den „open dot" erfunden, einen roten Punkt, den sich die Bürgerinnen und Bürger an die Haus- oder Wohnungstür kleben können. Er besagt: „Hier wohnt jemand, der sich über Spontanbesuch freut. Er oder sie ist offen für ein kurzes Gespräch, eine Tasse Kaffee, vielleicht sogar eine neue Freundschaft. Bitte einfach klingeln!" Drei Monate nach Beginn des Projekts hatten schon 5.000 Menschen in Augsburg einen solchen roten Punkt an ihrer Tür befestigt – vor allem in den Hochhäusern, Wohnanlagen, Studentenwohnheimen und Altenheimen der Stadt, in denen das Künstlerkollektiv die Punkte verteilt hatte.

In Österreich gibt es seit Mai 2018 das erste digitale Tageszentrum, das Seniorinnen und Senioren miteinander vernetzt. Per Computer oder Tablet loggen sie sich in ein Portal ein, können dort miteinander plaudern, Denksportaufgaben lösen, Gymnastik machen, Reiseberichte oder Internettipps lesen. Der Verein Seniorenweb bietet dieses digitale Tageszentrum an und moderiert auch die einzelnen Formate. So sollen alleinstehende oder in ihrer Mobilität eingeschränkte ältere Menschen in ganz Österreich erreicht werden. Einsamkeit ist eben auch im deutschsprachigen Raum ein großes Thema. Die Initiative aus Augsburg stößt auch anderswo bereits auf Interesse. Besonders in den Städten gibt es viele, die allein leben, insbesondere Ältere über 75. Wohnen diese Menschen dann noch in Wohnblocks, in denen Anonymität herrscht, sinken ihre Chancen auf Kontakte zu Nachbarn. Einsamkeit und Isolation können einen aber nicht nur im Alter treffen, sondern in allen Lebensphasen. Trennungen, Trauerfälle, Kündigungen, Ausscheiden aus dem Job – es gibt viele Auslöser.

Was mich an den Statistiken zu diesem Thema am meisten überrascht hat: Es sind nicht nur die alten Menschen, die von Einsamkeit betroffen sind oder unter ihr leiden. So ist in Deutschland die Einsamkeitsquote in den letzten Jahren auch in der mittleren Altersgruppe um rund 15 Prozent gestiegen. Ähnliches gilt für die Schweiz: Doktor Klaus Bader, Leitender Psychologe in der Verhaltenstherapie-Ambulanz an den Universitären Psychiatrischen Kliniken in Basel, beobachtet, dass rund ein Drittel seiner Patientinnen und Patienten unter Einsamkeit leidet – und besonders häufig junge Menschen zwischen 14 und 35.

Was uns wirklich fehlt

Einsamkeit. Menschen, die sich alleine fühlen. Die niemanden haben, mit dem sie sich austauschen können und dem sie sich nahe fühlen. Keinen, dem sie erzählen, wie es ihnen geht und wie ihr Tag war. Alte Menschen. Aber auch Jüngere.

Moment mal.

Leben wir nicht im Zeitalter der Verbundenheit? Überall und jederzeit können wir über die sozialen Netzwerke mit vielen Menschen gleichzeitig in Kontakt sein. Nie war es so leicht, Wichtiges und Unwichtiges mit anderen zu teilen! Egal, welches Problem wir haben: Eine kleine Recherche im Internet zeigt uns Menschen, die dasselbe Thema beschäftigt und die sich in Foren dazu austauschen, sich unterstützen und Zuspruch geben. Es gibt Communitys mit Tausenden von Mitgliedern. Mittlerweile hat doch jede Familie eine WhatsApp-Gruppe, in der sie Fotos und Nachrichten postet!

Und in dieser vernetzten Welt werden Menschen immer einsamer? Wie kann das sein? Ja, sicher: Die Segnungen der digitalen Welt sind ohne

Frage immens. Die Digitalisierung macht es möglich, ein Leben zu führen, das jeden Tag bequemer, sicherer, gesünder und komfortabler wird. Digitale Utopien zu entwickeln und zu leben, ist deshalb das, wonach wir uns immer stärker ausrichten.

Aus diesem gedanklichen Konstrukt, aus diesem Narrativ ist jedoch ein wichtiger Punkt ausgeklammert: unsere Verbindung zur Erde. Unser persönliches und wirtschaftliches Entwicklungspotenzial scheint davon abzuhängen, wie gut wir in der Lage sind, unsere Existenz aus der realen in die virtuelle Welt zu verlagern.

Dass es jenseits aller digitalen Utopien eine reale Welt gibt, die uns nicht nur eine Pseudoverbundenheit, sondern eine echte Verbundenheit zu anderen Menschen, zu uns selbst und zur Natur schenkt, fehlt dem Narrativ der Digitalisierung

Dies führt dazu, dass uns trotz aller positiven Seiten der digitalen Welt ihre negativen Auswirkungen nahezu unbewusst bleiben. Viele von uns leiden unter den Folgen der Digitalisierung, ohne diese Folgen richtig zuordnen zu können bzw. ohne zu erkennen, was die Ursachen unseres Leidens sind.

Denken in Oberflächen

Auf Facebook fing es an, heute ist Instagram die Plattform, auf der sich Menschen zunehmend als ideale und perfekte Version ihrer selbst präsentieren. Alle wollen schön und schlau sein, ein spannendes Leben an angesagten Orten führen, erfüllende Jobs haben, sich außergewöhnlichen Herausforderungen stellen, sich gesund ernähren und regelmäßig Sport treiben.

Die Szenen des eigenen Lebens werden auf „Instagramability" hin abgeklopft. Anstatt den Moment zu genießen, scheint es viel wichtiger, den richtigen Winkel für ein möglichst spektakuläres Foto zu finden, das anschließend sofort hochgeladen wird.

Gleichzeitig führt das Betrachten des Newsfeeds mit den Posts anderer oft dazu, dass man das eigene Leben für langweilig, nichtssagend, bedeutungslos und sich selbst für einen Versager hält – der sich noch viel mehr anstrengen muss, um genauso schön, schlau und erfolgreich zu werden wie die virtuellen Freunde und die sogenannten Influencer. Für gut genug hält sich quasi niemand. Dies steigert den Perfektionismus ins Unermessliche.

Deshalb grassiert die Sucht nach Likes auch in so hohem Maße. Die Likes sind die Währung der digitalen Netzwerke. Je mehr Likes ich habe, desto mehr entspricht mein Leben dem, was ich bei allen anderen toll finde. Seit Kurzem bin ich Markenbotschafterin des Montafon. In diesem Rahmen habe ich mich intensiv mit Instagram beschäftigt und war kurz davor, einen Account dort zu eröffnen. Dies schien mir ein gutes Mittel zu sein, viele Menschen zu erreichen und ihnen das Montafon als attraktive Region nahezubringen.

Je mehr ich mich jedoch damit beschäftigte, desto schrecklicher erschien mir die Instagram-Welt. Ich spürte: Mich in meiner Rolle dort zu präsentieren, würde den Perfektionismus, der mir sowieso schon stark innewohnt, nur noch verstärken. Aus der psychologischen Forschung weiß man, dass perfektionistisch veranlagte Menschen dazu neigen, Depressionen und Burnout zu entwickeln. Soziale Netzwerke wie Facebook und Instagram verstärken die Gefahr.

Ebenso beschränken sie Menschen in ihrer Individualität. „So wie du bist, bist du nicht in Ordnung!" scheint die Botschaft zu sein, die Facebook und Instagram ihren Nutzern entgegenposaunen. Auf den ersten Blick mag dieser Satz zwar ganz in der philosophischen

Tradition „Der Mensch als Mängelwesen" stehen, die uns schon seit der Antike dazu anspornt, stetig nach Höherem, Schönerem und Besserem zu streben – als Ausdruck unserer Kreativität und unserer Selbstverwirklichung. Aber er tut es nur auf den ersten Blick – denn den sozialen Netzwerken geht es nicht um die Menschen an sich, sondern um deren Oberfläche, die möglichst perfekt zu sein hat. Dieses Denken in Oberflächen verleitet dazu, sich lediglich nach außen hin perfekt zu präsentieren. Hinter der schönen Fassade bleibt man mit seinen Ängsten und Unsicherheiten alleine. Sich tatsächlich weiterzuentwickeln und die Herausforderungen in der realen Welt „in Fleisch und Blut" zu bewältigen, bleibt dann oft auf der Strecke.

Für mich ist das idealisierte Selbstbild, das zu entwerfen und zu verbreiten uns die sozialen Netzwerke suggerieren, einer der Auslöser für die Einsamkeit, die viele – gerade junge – Menschen empfinden. Es verleitet sie, dem Bild eines falschen Selbst nachzujagen, einer narzisstischen Projektion entsprechen zu wollen – und das ist die größte Mauer, die sie zu anderen Menschen aufbauen können. Viel wichtiger wäre es, sich selbst jenseits seiner Ego-Bedürfnisse kennenzulernen, sich zu akzeptieren und lieben zu lernen. Zu erfahren: Ich bin nicht besser, aber auch nicht schlechter als andere. Und schließlich jene Trugbilder loszulassen, die durch das Internet verstärkt werden.

Arroganz der Macht

Die innere Spaltung bei vielen Menschen wird nicht nur durch den eigenen Narzissmus immer größer. Die sozialen Netzwerke, die Suchmaschine Google, Amazon & Co. präsentieren uns in Newsfeeds und Suchergebnissen nur noch das, wovon sie meinen, dass es zu uns und unseren Wünschen passt.

Selbst Facebook zeigt uns nicht mehr chronologisch das, was unsere Freunde gepostet haben. Sondern das, wovon es glaubt, dass es am längsten unsere Aufmerksamkeit bindet. Sprich: Die großen Tech-Konzerne schicken uns in eine Filterblase. Ich bleibe zwar Teil dieser Welt, aber wie sie sich mir darstellt in all den Nachrichten über Ereignisse und was ich demzufolge über sie denke, entscheiden andere. Die großen Zusammenhänge werden uns oft nicht mehr gezeigt und wir können sie uns auch selbst nicht erschließen. Auch das führt zu einer Entfremdung, zu einer Spaltung von der Welt, die uns umgibt. Was ich hier bei den Tech-Konzernen wahrnehme, ist eine Arroganz der Macht. Google, Facebook, Amazon und Co. haben derzeit Oberwasser: Sie bekommen Kapital, Aufmerksamkeit, Erfolg, alle Menschen hängen quasi an ihren Lippen. Ihr Ehrgeiz und ihre Bestrebungen kennen kaum Grenzen. Im Silicon Valley arbeiten Menschen nicht nur daran, unsere Daten einzusammeln und zu verkaufen. Es geht ihnen vielmehr darum, einen neuen Menschen zu erschaffen. Sie spielen Gott, wollen mit Mikrochips das menschliche Hirn kontrollieren und das Weltall gleich dazu. Keine Frage: Die philosophische Denkrichtung des Transhumanismus hat ihre Berechtigung, es mag sicherlich Gutes daraus erwachsen, die intellektuellen, psychischen und physischen Grenzen der menschlichen Möglichkeiten durch unterschiedliche Technologien zu erweitern. Was mich daran jedoch stört: Die Tech-Konzerne sprechen uns ganz subtil die Entscheidungsmöglichkeit ab, ob wir das auch so haben wollen oder nicht.

Als ausgebildete Diplomatin bin ich darin geschult, zu erkennen, wie es Organisationen und politische Entitäten schaffen, sich so darzustellen, als ob sie tatsächlich nur das Beste wollten. Hinter der harmlosen Fassade verbergen sich aber auch immer Machtinteressen. Ich denke, dass es hier um nicht weniger als eine Art von Weltherrschaft geht. Die Tech-Konzerne wollen weltweit Macht ausüben, indem sie Menschen von sich abhängig machen – durch Annehmlichkeiten, durch Erleichterungen, durch schnelle Belohnungen, die in unseren Gehirnen sofort ein Wohlgefühl auslösen. So werden wir im Extremfall zu gefügigen Mitläufern, die nicht mehr selbst denken. Auch auf politischer Ebene greifen ähnliche Mechanismen: In weiten Teilen dieser Welt wählen wir zwar ganz demokratisch unsere Politiker – aber dies ist nicht mehr als Augenwischerei, denn in Wahrheit sind diese Politiker lediglich Handlanger großer Konzerne. Das Stichwort dazu lautet Postdemokratie.

Für unsere Bequemlichkeit, für Annehmlichkeiten, für Easiness – von schnellen Bezahlmöglichkeiten über Online-Shopping bis hin zur Heizungssteuerung via Internet – zahlen wir also vielleicht einen zu hohen Preis. Während die Tech-Konzerne uns sagen: „Wir geben euch doch nur das, was ihr wollt!", fühlen wir dennoch, dass dies nicht stimmt.

Wir sollen in Wirklichkeit einen neuen Gesellschaftsvertrag unterschreiben, ohne dass wir über die Konsequenzen aufgeklärt werden. Das digitale Narrativ negiert unsere Basis, die Natur.

Es kappt unsere Wurzeln und zieht uns den Boden unter den Füßen weg. Statt im Einklang mit der Natur zu leben, sollen wir die Grundsätze der Digitalisierung auf uns selbst anwenden und uns permanent selbst optimieren. „Disrupt yourself" heißt nicht nur ein erfolgreicher Buchtitel. Dieser Ausruf ist gleichsam die Überschrift über all die Anforderungen, die die Digitalisierung an uns richtet.

Wir sollen uns einmal auseinandernehmen und dann wieder neu zusammensetzen. Und wenn wir uns dabei nicht gut fühlen und darüber einsam werden, ist das unser Problem. Sich auseinandernehmen und neu zusammensetzen – das können Roboter und Maschinen.

Wir aber, ob wir wollen oder nicht, sind Menschen und haben unsere Wurzeln in der Natur. Wenn wir sie nicht hätten, würden wir auch nicht krank werden von all diesen Entwicklungen – sondern würden sie wunderbar überstehen und von ihren Segnungen nur profitieren.

Die technologische Entwicklung geht jedoch viel zu schnell für uns. Sie ist nicht auf uns als Menschen abgestimmt. Und diese Diskrepanz macht uns krank.

Innerlich sind wir zu einem großen Teil immer noch diejenigen, die wir vor 70.000 Jahren waren. Dass unser Geist uns immer wieder weit vorauseilt, lässt uns so getrennt, entfremdet und unglücklich sein. Und einsam.

Zwischen Technikangst und Bedenkenlosigkeit einen Weg finden

Es ist ein typischer Samstagmorgen. Er beginnt für mich nicht mit dem Blick aufs Handy und der Frage, ob irgendwelche Nachrichten eingegangen sind, sondern ich beschäftige mich ganz bewusst mit anderem.

Mit meinen Gedanken. Mit einem Blick in ein Buch, das ich gerade lese. Dem Blick nach draußen. Dem Hören nach draußen. Welche Vögel singen da gerade? Welche anderen Geräusche höre ich? Ist es warm oder kalt? Wie fühle ich mich heute? Was werde ich heute tun?

Samstags ist mein Haushalt an der Reihe, ich gehe einkaufen, ich koche, verrichte alles, was getan werden muss, damit ich mich zu Hause rundum wohlfühle. Und ich gehe raus in die Natur, zum Wandern.

All das tue ich, ohne das Internet zu nutzen. Samstags habe ich digitalfrei. Ganz bewusst. Und ich gestehe: Es fällt mir schwer. Schnell die Bahnverbindung zu meinem Vortragsort nächste Woche heraussuchen und buchen? Nein. Kontostand überprüfen? Fehlanzeige. In der App schauen, wie das Wetter wird? Der Blick aus dem Fenster muss heute reichen. Noch schnell nachschauen, was sich in der Welt getan hat?

Morgen wieder. Wie gesagt: Die Annehmlichkeiten, die uns die Tech-Konzerne bieten, sind immens und verführerisch. Sich hier zu entziehen, erfordert Standhaftigkeit.
Ich übe dies unverdrossen. Und auch wenn es mir immer wieder schwerfällt, erfahre ich doch, wie wertvoll es für mich ist, innezuhalten und Abstand zu gewinnen. Mir ganz bewusst Zeit zu nehmen, zur Trafik (österreichisch für Kiosk) zu gehen und mir dort eine Zeitung zu kaufen. Oder eine Fahrkarte am Bahnhof.

Die Digitalisierung halte ich so natürlich nicht auf, das ist mir klar. Auch dass weder eine Zeitung noch eine Fahrkarte heute ohne digitale Technologie erstellt oder verkauft werden könnte, weiß ich – egal, ob ich sie nun im Internet oder in der Tabaktrafik bzw. am Schalter kaufe. Dennoch ist es für meine seelische Gesundheit gut, wenn ich hier ab und zu innehalte und mich den digitalen Übertreibungen entziehe – sei es auch nur für einen Tag. Das spüre ich deutlich.

Nicht minder wichtig und gesund ist es für mich, in die Natur hinauszugehen und mich dort mit ihr zu verbinden. Dies tue ich, indem ich sehr genau beobachte, was sich dort ereignet – mit allen Sinnen. Mich am Fuß eines Baumes hinzusetzen, mich an seinen Stamm zu lehnen, die Augen zu schließen und nur zu hören, hilft mir. Wenn ich dies für zehn, fünfzehn Minuten tue, bekomme ich eine viel intensivere Wahrnehmung für die Stimmen des Waldes, sodass ich selbst nach vielen Jahren dieser Praxis nicht aufhöre, darüber zu staunen. Ich höre Vögel und viele andere Tiere, Wind, Wasser, Regen. Und je länger ich dort sitze, desto schärfer wird mein Ohr.

Zum Schluss höre ich die Ameisen über die herabgefallenen Blätter auf dem Waldboden krabbeln und Wassertropfen über Wurzeln rinnen. Mich still an einen Platz zu setzen und einfach nur zu schauen, ist mindestens genauso spannend. Immer wieder geschieht das Wunder: Je stiller ich bin und je länger ich schaue, desto mehr offenbart sich mir. Denn wenn die Geräusche, die ich gemacht habe, verstummt sind, trauen sich auch die Tiere wieder aus ihren Verstecken.

Auf einmal sehe ich Hasen, Rehe, Frösche, Füchse, Vögel – alle zeigen sich mir. Ich fühle mich zugehörig und als Teil des großen Ganzen. Alle Gefühle von Entfremdung sind verschwunden.

Nicht nur durch die Verbindung mit der Natur lernen wir, die negativen Folgen der Digitalisierung zu verringern. Wir können uns auch aktiv davor schützen. Der Schutz vor Strahlung ist hier ein wichtiges Thema. Die Wiener Ärztekammer hat beispielsweise „10 medizinische Handyregeln" herausgegeben und empfiehlt unter anderem, so kurz wie möglich zu telefonieren, das Handy so wenig wie möglich am Körper zu tragen und wo immer möglich über das Festnetz zu telefonieren. Außerdem sollte man sich mobilfunkfreie Zeiten gönnen, die Anzahl der Apps auf dem Handy reduzieren und die meist überflüssigen Hintergrunddienste abschalten. Mehr Tipps dazu, wie Sie Ihren Alltag „digitalfreier" gestalten, lesen Sie weiter unten. Jenseits aller Technik-Entsagung bleibt aber nicht nur die Verbindung mit der Natur, um Gefühlen von Einsamkeit und Entfremdung entgegenzuwirken. Die wohl naheliegendste Lösung lautet: Wer sich einsam fühlt, sollte ganz gezielt die Verbindung zu anderen Menschen suchen! Wenn Sie zu wenig private Kontakte haben, dann überlegen Sie konkret, was Sie gerne machen, zum Beispiel sportlich oder kulturell. Schauen Sie dann, welcher Vereinigung oder Institution Sie sich anschließen können, wo Sie Menschen treffen, die genau das auch gerne tun.

Es gibt heute viele niedrigschwellige Angebote. Man muss sich nicht anmelden, sondern einfach nur auftauchen. Das ist sehr angenehm, birgt aber gleichzeitig die Gefahr, dass es unverbindlich bleibt.

Ein Gefühl von echter Verbundenheit gibt es nur dort, wo Sie sich auch ein Stück weit verpflichten – und auch dann hingehen, wenn Sie mal weniger Lust haben.

Früher waren Menschen zwangsweise Mitglieder unterschiedlicher Gemeinschaften, sei es einer Sippe oder der Kirche. Anders konnten sie nicht überleben. In der Moderne ist es leicht, sich dieser „Zwangsvergemeinschaftung" zu entziehen.

Wenn wir uns Gemeinschaften anschließen, tun wir dies meist freiwillig. Wir können jederzeit gehen, wenn uns etwas nicht passt. Aber das ist ja eigentlich nicht das, was wir wollen.

Wir sollten uns den Wert dieser freiwilligen Gemeinschaften bewusst machen und uns fragen: Wo wollen wir wirklich dazugehören? Und unter welchen Bedingungen? Wenn wir damit bewusst umgehen, fällt uns auch Verbindlichkeit leichter.

Und wir können dann mit dem gebührenden Abstand auch wieder in virtuelle Communitys eintauchen, ohne das Gefühl zu haben, dass wir trotz hunderter Kontakte einsam sind und nicht als die gesehen und gemocht werden, die wir in Wirklichkeit sind.

Wie Sie sich in Zeiten der Digitalisierung bewusst erden

• Wer sich mit sich selbst und seiner ureigenen menschlichen Natur verbinden will, kann dies über Achtsamkeitsübungen, Yoga oder Meditation tun – dies sind wunderbare Wege, zu sich zu finden, heil und ganz zu werden. Und im Übrigen: Wer meditiert, lernt ganz nebenbei, seine Impulse besser zu kontrollieren und zwischen der Wahrnehmung eines Reizes und seiner Reaktion darauf die so wichtigen Sekunden einzufügen, in denen er oder sie überlegen kann, welches Verhalten nun angemessen, zielführend und gewünscht ist. Genau das brauchen wir nämlich, um den Reizen der sozialen Medien bzw. der Digitalisierung nicht willenlos zu unterliegen.

• Gehen Sie jeden Tag mindestens eine Stunde hinaus. Tanken Sie Licht, Sonne, Regen, Schnee – was auch immer die Natur Ihnen zu bieten hat. Lassen Sie Ihr Handy zu Hause, beobachten Sie stattdessen aufmerksam, was um Sie herum geschieht. Seien Sie für sich.

• Gönnen Sie sich einen digitalfreien Tag in der Woche. Machen Sie alle internetfähigen Geräte aus, die Sie sonst nutzen, und beobachten Sie, was passiert.

Wenn Sie der Gedanke, dass Sie dann ja auch telefonisch nicht erreichbar sind, zu unruhig macht, schaffen Sie sich ein Zweithandy an (oder nutzen Sie ein abgelegtes Handy), das wirklich nur telefonieren kann.

• Suchen Sie Kontakt und Verbindung zu anderen Menschen: Ob Alpenverein oder Gemeinschaftsgarten, Mittagskonzert oder Tanzkurs – sich mit anderen Menschen zu treffen, die dieselben Interessen und Werte haben, ist die Grundlage aller Zugehörigkeit.

• Informieren Sie sich, hören Sie auch kritische Stimmen zur Technologieentwicklung und ziehen Sie Ihre Schlüsse daraus. Unsere vielgenutzten Alltagstechnologien, wie beispielsweise Mobilfunk/Handynetze, haben auch ihre gefährliche Seite und bringen z. B. Strahlenbelastung mit sich, die gesundheitliche Risiken birgt.

• Um sich vor Elektrosmog zu schützen, unter dem besonders elektro-hochsensible Menschen leiden, gibt es unterschiedliche Maßnahmen: Spezielle Schutzkleidung gehört dazu, aber auch abschaltbare Stromkreisläufe in Wohnhäusern sowie abschirmende Tapeten und Vorhänge. Setzen Sie sich generell Strahlung weniger aus, indem Sie beispielsweise nicht in Zügen oder Autos telefonieren und zum Telefonieren ein Headset benutzen. Generell sollten Sie das Handy nicht am Körper tragen.

Kapitel 3

Druck: Wie wir potenziell zerstörerische Energie in schöpferische Kraft umwandeln

Anhalten. Einatmen. Ausatmen. Manchmal reicht schon ein Atemzug, um mich im Jetzt zu verankern, Druck abzubauen, Erleichterung zu spüren.

Es ist Sonntagabend, und ich sitze gemütlich mit dem Laptop auf meiner Couch. Ein schönes Wochenende liegt hinter mir. Ich habe meinen Haushalt erledigt, meine Mutter im Montafon besucht und heute eine ausgiebige Wanderung gemacht. Es war ein wunderbarer Frühsommertag. Oben auf den Bergen blühen Alpenrosen, Knabenkraut, Frauenmantel und viele viele andere – ein Meer aus Farben und Düften. Nun will ich zum Ausklang dieser beiden friedlichen Tage noch meine privaten E-Mails lesen. Schon am Morgen hatte ich beim Überfliegen des Posteingangs gesehen, dass meine Freundin Barbara mir eine E-Mail geschrieben hat. Diese E-Mail öffne ich jetzt zuerst – ich bin gespannt, was Barbara mir aus ihrem bewegten Leben zu erzählen hat.

Fünf Minuten später klappe ich den Laptop wieder zu. Mir ist flau im Magen und ich gehe in die Küche, um mir ein Glas Wasser zu holen. Ich setze mich damit an den Küchentisch. Vor meinem inneren Auge sehe ich immer noch die Fotos aus der Klinik, die Barbara mir geschickt hat. Meine kluge, begabte und erfolgreiche Freundin, 48 Jahre alt. Vor fünf Jahren hatte ihr Arbeitgeber, eine große Versicherungsgesellschaft, sie entlassen. Sie hatte dort im Konzern eine ganze Abteilung komplett neu aufgebaut und war über die Jahre zu einer Top-Führungskraft aufgestiegen. Dennoch fiel ihre Stelle einer Restrukturierungswelle zum Opfer. Vielleicht war sie dem Vorstandsvorsitzenden auch zu erfolgreich gewesen und er hatte um seine eigene Position gefürchtet – so genau ließ sich das nicht sagen. Für Barbara war das ein harter Schlag. Von dem sie sich aber gut erholte, als sie eine neue Stelle in der Finanzbranche fand – wieder als hochrangige Führungskraft. Sie jettete permanent um die Welt, baute sich ein riesiges Netzwerk auf, legte immense Disziplin an den Tag. Sie war die einzige Frau in einer von Männern dominierten Umgebung, arbeitete – ihrer Einschätzung nach – für drei und konnte diesen Druck nur aushalten, indem sie sich nach allen Regeln der Kunst kasteite: Sie aß wenig, trank weder Kaffee noch Alkohol, zog ein eisernes Sportprogramm durch und schlief zwischendurch, wann immer es möglich war: auf Flügen oder in Hotelzimmern kurz nach dem Einchecken. Fünf Jahre ging das so, dann sah sie sich wieder mit einer Kündigung konfrontiert. All ihre Anstrengungen hatten – in ihren Augen – nichts genützt. Das war vor ein paar Wochen gewesen.

Als sie mir davon erzählt hatte, führten wir ein intensives Gespräch darüber, wie ihre Chancen stünden, einen neuen Job zu finden, der zu ihrer Qualifikation und Erfahrung passt. Sie sagte: „Wie soll ich denn in meinem Alter noch eine gute neue Stelle finden? Wer nimmt denn schon eine 48-Jährige? Und kürzertreten kann ich nicht, schließlich will meine Tochter bald studieren, da muss ich sie ja finanziell unterstützen." Ich hatte versucht, ihr Mut zu machen und sie zu motivieren, nicht alles schwarz zu sehen. Aber damit war ich wohl nicht sehr erfolgreich gewesen. Denn in der E-Mail, die sie mir heute geschrieben hat, berichtet sie mir von ihrer Schönheitsoperation. Ich kann es noch gar nicht richtig glauben: Barbara hat sich liften lassen! Und zwar ganz klassisch: vierstündige OP, Schnitte von den Schläfen bis in den Nacken, Entfernung des Hautüberschusses, Korrektur des darunterliegenden Bindegewebes und Anhebung der Muskulatur – das volle Programm. Schon als ich den Text der E-Mail las, standen mir die Haare zu Berge bei der Vorstellung. Richtig schlimm wurde es dann aber, als ich mir die Fotos ansah, die Barbara mitgeschickt hatte. Diese Aufnahmen zeigten sie einen Tag nach der OP. Ihr schönes Gesicht völlig zugeschwollen, Hämatome überall, die Narben noch mit Verbandsmaterial abgedeckt. Das war der Moment, in dem ich den Laptop zuklappte und in die Küche ging, um ein Glas Wasser zu trinken.

Wer macht uns den Druck – andere oder wir selbst?

Menschen, die sich operativ verändern lassen, sodass sie den gesellschaftlichen Erwartungen an Aussehen, Jugendlichkeit, Energie und Tatkraft entsprechen – meine Freundin Barbara gehört nun zu ihnen. Sie glaubt, dass sie nur dann einen neuen Job findet, wenn sie durch ein Facelifting zehn Jahre jünger aussieht, als sie ist. Ich bin weit entfernt davon, diesen Schritt zu verurteilen. Ich kann Barbara und alle, die so etwas tun, sogar verstehen. Sie gehen auf diese Art und Weise mit dem Druck um, den Arbeitswelt und Gesellschaft auf sie ausüben.

Das ist nur eine von vielen Möglichkeiten, einem solchen Druck zu begegnen. Es gibt daneben zum Beispiel auch diese Variante: hart arbeitende Managerinnen oder Unternehmer, die in ihrer Freizeit intensiv für den nächsten Marathon, Triathlon oder Berglauf trainieren. Die immer wieder gegen sich selbst und andere antreten, um sich zu beweisen, dass sie noch mithalten können. Sie bauen beruflichen Druck ab, indem sie sich privaten Druck machen. Und mit demselben Ehrgeiz, den sie in ihrem Job an den Tag legen, drehen sie auch im Privatleben immer mehr an der Spirale.

Mit 50 reicht dann schon nicht mehr der Halbmarathon, sondern es muss bitteschön der Marathon sein. Und dann auch möglichst unter den ersten hundert ins Ziel gelangen. Mag diese Art der Druckkompensation noch halbwegs gesund sein, gibt es aber genug Menschen, die sich anders behelfen und ihr Leben nur noch aushalten, wenn sie sich mit Alkohol oder Cannabis betäuben. Unter der Überschrift „Xanax – Hollywoods Happy-Pill" berichtete der Zürcher Tages-Anzeiger schon vor einigen Jahren über das angstlösende Medikament als inzwischen wohl fester Bestandteil der Partyszene von Los Angeles. Kürzlich sah ich nun in einer Zeitschrift ein Foto einer Xanax in der Olive eines Dry Martini. Eine schräge Welt.

Die Frage, die sich mir hier stellt, lautet: Ist es tatsächlich die Leistungsgesellschaft, die uns diesen immensen Druck macht? Oder sind wir es selbst? Kommt der Druck von außen oder von innen?

Es gibt wohl keine eindeutige Antwort auf diese Frage. Ich selbst beispielsweise mache mir selbst viel Druck. Ich bin Perfektionistin, will immer alles hundertprozentig erledigen. Andere sehen das lockerer. Meine Tochter gehört zu ihnen. Sie setzt sich selbst wenig unter Druck, weder beruflich noch privat. Sie erledigt anstehende Dinge entspannt und kann in ihren freien Zeiten gut loslassen. Wenn sie jedoch erhöhten Druck von außen bekommt, dann reagiert sie nervös und gestresst. Sich selbst gut zu kennen, ist hier wichtig – zu wissen, wie man tickt, und die eigenen Stressoren gut wahrzunehmen.

Für sich klar zu haben, was einen antreibt, was einem wichtig ist; zu wissen, wann und warum man traurig, nervös oder deprimiert ist. Wir haben Selbstfürsorge verlernt und können demzufolge auch nicht wahren und verteidigen, was wir selbst wollen. Um dies herauszufinden, kann es Ihnen helfen, dass Sie sich gut mit Ihrer äußeren und inneren Natur verbinden. So spüren Sie besser, was mit Ihnen los ist. In diesem Buch lernen Sie einige Techniken kennen, um Anspannung, Stress und Druck konstruktiv zu begegnen.

Wir können nicht gegen uns selbst rebellieren

Die Kunst ist es, Druck in schöpferische Kraft umzuwandeln. Wie geht das? Ein wichtiger Ansatzpunkt ist zunächst, zu verstehen, was Druck eigentlich ist und seine verhängnisvollen Mechanismen zu durchschauen.

Sozialen Druck hat es schon immer gegeben – in dörflichen oder religiösen Gemeinschaften, in der eigenen Familie. Der Druck, sich anzupassen und den tradierten Mustern zu entsprechen, ist uralt. Wen man heiratet, welchen Beruf man ergreift, wie der eigene Lebensweg auszusehen hat, wer wen lieben darf, wie die Kindererziehung auszusehen hat, was mit den eigenen Wünschen und Bedürfnissen geschieht, wo und mit wem Weihnachten gefeiert wird – alles Gegenstand der Erwartungen anderer bzw. der Gemeinschaft. Wer diesen Erwartungen nicht entspricht, läuft Gefahr, aus der Gemeinschaft ausgestoßen zu werden, und das – so ist es in unserer jahrtausendealten DNA noch verankert – bedeutete früher oft den Tod.

Wer nicht am Feuer bei den anderen sitzen darf, hat auch nichts zu essen. Und wer zum Schlafen nicht unter ein schützendes Dach zu den anderen kriechen kann, wird draußen von den wilden Tieren zerrissen.

Also beugt man sich dem Druck und tut, was verlangt wird. Es geht schließlich ums Überleben.

Der große Unterschied zwischen damals und heute: Waren es früher die einzelnen gesellschaftlichen Gruppen, die Druck von außen ausübten, haben wir heute in unserer modernen, toleranten Gesellschaft, die alle möglichen Lebensformen mehr oder weniger toleriert, diesen äußeren Druck in einen Druck von innen umgewandelt. Unsere moderne Gesellschaft ist dadurch charakterisiert, dass wir uns den Druck selbst machen! Wir haben die Normen der Gesellschaft verinnerlicht und akzeptieren sie als unsere ureigenen persönlichen Normen – obwohl sie vielleicht überhaupt nicht zu dem passen, was wir als unsere ureigenen Werte definieren würden. Das Perfide daran ist: Gegen äußere Autorität können wir rebellieren. Sanft oder mit Gewalt.

Wenn wir die Erwartungen von außen jedoch zu unseren eigenen machen und von diesen Erwartungen überfordert sind, geraten wir mit uns selbst in Konflikt. Gegen uns selbst können wir nicht rebellieren. Beziehungsweise wenn wir es tun, hat dies dramatische Folgen. Ich denke an Menschen, die sich selbst verletzen oder umbringen – weil sie sonst keinen Weg mehr sehen, dem Druck, dem Gegner im eigenen Kopf zu entkommen und sich zu entlasten.

Menschen können sich über einen sehr langen Zeitraum mit dem Druck arrangieren, den sie in ihrem Inneren spüren. Wenn dann jedoch eine emotionale Krise eintritt – der Verlust des Arbeitsplatzes, eine Trennung, der Auszug der Kinder – dann sind sie auf sich selbst zurückgeworfen.

Sie erkennen vielleicht, dass sie weder ihr eigenes Leben noch gemäß ihren eigenen Werten leben – denn sonst würden sie ja auch mit dem herrschenden Druck gut umgehen können. Wenn sie aber fremden Werten nachlaufen, die sie zu ihren eigenen gemacht haben, ist es viel schwieriger für sie, mit dem daraus resultierenden Druck umzugehen. Daraus folgt: Wenn ich mich in äußere Bedingungen begeben habe, die es mir nicht mehr möglich machen, ich selbst zu sein, dann stecke ich in einem Dilemma.

Die gute Nachricht heute lautet aber tatsächlich: Wir begeben uns freiwillig in diese für uns falschen äußeren Bedingungen. Wir trauen uns zu wenig zu, Dinge ändern zu können. Wir glauben, wir müssen den ungeliebten, uns überfordernden Job tun, weil wir sonst unseren Lebensstandard nicht mehr halten oder die Ausbildung unserer Kinder nicht finanzieren können – so wie meine Freundin Barbara.

Wir glauben, dass wir unsere Partnerin, unseren Partner nicht verlassen können, weil wir sonst nie wieder jemanden finden. Wir glauben, dass wir nicht in das Land unserer Träume ziehen können, weil wir ... was auch immer. Und so bleiben wir unter dem jeweiligen selbstgewählten Joch, werden unglücklich und irgendwann krank.

Sich im Moment verankern

Doch wie entkommen wird dem Dilemma? Was können wir realistischerweise tun? „Ich lebe mein kleines Leben, das ist alles, was ich tun kann" – das ist ein Zitat aus meinem ersten Buch „Die Kunst des sanften Siegens. Erfolgreich mit Diplomatie" und stammt von meinem ehemaligen Chef im Wiener Außenministerium. Mit diesem Satz meine ich an dieser Stelle: Wir dürfen wieder lernen, zurückzuschrauben. Wachstum können wir – das haben wir in den letzten Jahrzehnten grandios unter Beweis gestellt. Expandieren, immer schneller, koste es, was es wolle und wenn es die Zerstörung unserer Umwelt ist. Das geht. Jetzt sind wir aber kaum noch imstande, zu unseren Wurzeln zurückzukehren und einfach zu leben – ohne Handys, ohne Strom, ohne künstliches Licht, nur einem natürlichen Tagesrhythmus folgend.

Doch keine Sorge: Ich halte hier kein Plädoyer für eine Rückkehr in die Steinzeit. Es geht mir lediglich darum, den Finger ein bisschen in die Wunde zu legen und Sie dazu anzuregen, in der Hektik des Lebens anzuhalten und sich solche Zusammenhänge bewusst anzuschauen. Wer dies tut, gewinnt Selbsterkenntnis und kann inneren Druck abbauen. Auf der Jagd nach der nächsten

persönlichen Bestzeit durch den Wald zu rennen, ist dafür nicht sehr hilfreich. Wenn Sie stattdessen innehalten, prüfen, wie es Ihnen geht, und sich fragen, wie Sie sich erden oder ankern können, helfen Sie sich dabei, einen klaren eigenen Standpunkt einzunehmen, dadurch nach und nach mehr Selbstbewusstheit zu entwickeln und Druck abzubauen.

Es geht um Zentriertheit im Augenblick. Wenn es Ihnen schwerfällt, sich im Moment zu verankern, und Sie sich stattdessen meist mit Ihren Gedanken in Vergangenheit oder Zukunft verlieren, dann empfehle ich Ihnen, sich einen Moment hinzusetzen, bewusst zu atmen und sich eine entscheidende Frage zu stellen. Diese kommt von Eckhart Tolle, einem spirituellen Lehrer und Bestseller-Autor: „Welches Problem hast du jetzt? Nicht in fünf Minuten, nicht in einer halben Stunde, nicht morgen, nicht in einer Woche – sondern jetzt?"

Ich finde diese Frage sehr entwaffnend – denn ich bin mir sicher, dass Sie, genau wie ich, in mehr als 90 Prozent der Fälle innerlich antworten: Keins. Ich habe jetzt gerade kein Problem. Diese Erkenntnis relativiert vieles, wenn nicht alles. Sie verbinden sich dadurch automatisch mit der Gegenwart, mit dem Moment. Es ist wie eine Mini-Meditation.

Die Fähigkeit, sich im Moment zu verankern, hat einen entscheidenden Vorteil: Sie entwickeln ein gutes Gefühl dafür, was gerade mit Ihnen los ist, wie es Ihnen geht: ob Sie sich ärgern, traurig sind, sich verloren fühlen, ob Sie zuversichtlich sind, ob Sie einen Energieschub haben. Und Sie lernen ganz automatisch, eine gewisse Distanz zu Ihren Gefühlszuständen aufzubauen.

Sie betrachten sich und Ihre Reaktionen auf viele Dinge mit einem gewissen Abstand. Das erweitert Ihren Handlungsspielraum. Denn Sie können sich schon bald in immer mehr Situationen überlegen, wie Sie reagieren wollen – und egal, wie Sie reagieren, Sie tun dies vor einem Hintergrund der Verbundenheit mit sich selbst, der Ruhe und der Kraft. Gerade im Berufsleben ist dies eine enorm wichtige Fähigkeit, vor allem in Krisensituationen. Wenn alle den Kopf verlieren, braucht es umso nötiger jemanden, der klar und konstruktiv die Dinge priorisieren und entsprechend handeln kann. Jemanden, der Antworten auf die Fragen kennt: Was ist jetzt wichtig? Was ist der beste erste Schritt?

Manchmal ist es dann auch das Beste, gar nichts zu tun. Sowohl im beruflichen wie auch im privaten Kontext. In die Stille zu gehen. Nicht sofort eine Lösung haben zu wollen. Stattdessen: Auf den Prozess des Lebens vertrauen. Meditieren. In die Natur gehen und beobachten. Und dann: Die Lösung sich finden lassen, ohne sie erzwingen zu wollen. Besonders dann, wenn großer Druck herrscht, ist es umso ratsamer, diesem Druck nicht durch hektische Betriebsamkeit zu begegnen.

Hoher Druck ist wie ein Großbohrer, der riesige Mengen Staub aufwirbelt, während er bohrt. In dieser Staubwolke gibt es auf der Baustelle keine klare Sicht.

Im übertragenen Sinn: Es lässt sich kein klarer Gedanke fassen. Erst wenn wir abwarten, bis sich der Staub gelegt hat, haben wir wieder Klarheit und können die richtigen Entscheidungen treffen. Gerade die Medien, aber auch (Lobby-)Organisationen machen sich dieses Phänomen zunutze: Wenn sie Druck erzeugen wollen, wirbeln sie mit entsprechender Rhetorik und Bildern jede Menge Staub und Dreck auf, hinter der sich die Wirklichkeit nur noch schwer erkennen lässt.

Hier ist es enorm wichtig, Klarheit zu schaffen, sowohl auf persönlicher als auch auf organisatorischer Ebene. Und das gelingt durch innere Distanz zum eigenen Erleben.

Manchmal reicht ein Atemzug

Leben im Jetzt – praktisch alle Völker kennen dieses Konzept. Es ist Grundlage geistiger und damit einhergehend auch körperlicher Gesundheit. Es ermöglicht Verbundenheit und Zugehörigkeit. Egal, in welcher Kultur und wo auf der Welt – ob bei den Indianern Nordamerikas, bei den hinduistischen und buddhistischen Heiligen und Mönchen Indiens, auf dem chinesischen Weisheitsweg, dem Dao, oder in der westlichen, wissenschaftlich geprägten Gegenwart: Das Wissen, dass und wie sich der Geist beruhigen und sammeln kann, ist jahrtausendealt und wird von Menschen aller Kulturen, Religionen und Traditionen gepflegt.

Neurologische Untersuchungen belegen schon seit Jahren, dass jene Praktiken, die sich unter dem Begriff Meditation zusammenfassen lassen, beruhigen und entspannen; zu erkennen an veränderten Hirnwellen, einem verlangsamten Herzschlag, vertiefter Atmung und reduzierter Muskelspannung.

Es ließ sich sogar belegen, dass bei meditierenden und sich dadurch im Jetzt verankernden Menschen jene Bereiche der Großhirnrinde deutlich dicker sind, die für kognitive und emotionale Prozesse stehen.

Es gibt viele verschiedene Formen der Meditation, passive wie aktive. Als (vorbereitende) Praktiken zählen Yoga, Kampfkünste und Geh-Meditationen ebenso wie das Hören von Musik oder manche Arten von Tanz.

Das intensive Verbinden mit dem Moment, mit dem Augenblick hilft ganz entscheidend dabei, den inneren Druck loszulassen, auf die Seite zu schieben und sich zu entlasten. Das beginnt schon, indem Sie beispielsweise einen tiefen Atemzug nehmen. Unter Druck und Anspannung atmen wir meist nur flach. Mit einem tiefen Atemzug verschaffen wir uns schon eine erste kleine Distanz zur aktuellen Situation und können direkt wieder klarer sehen. Achten Sie einmal darauf, wann und wo Sie unwillkürlich einen tiefen Atemzug nehmen.

Wenn Sie nach einem langen Arbeitstag nach Hause kommen, die Wohnungstür hinter sich geschlossen und die Welt draußen gelassen haben? Wenn Sie abends ins Bett gehen und sich wohlig in Ihre Bettdecke gehüllt haben, kurz bevor Sie die Augen zumachen? Beobachten Sie es einmal bewusst – und setzen Sie solche tiefen Atemzüge dann gezielt ein, wenn Sie sie in einer stressigen Situation brauchen oder sich entspannen wollen.

Wie Sie den Druck im Außen und im Innen in schöpferische Kraft umwandeln

• Wenn Sie das nächste Mal draußen in der Natur sind und sich in einer entspannten und guten Stimmung befinden, machen Sie ein Foto von einem schönen Panorama oder einem kleinen Detail in Ihrer Umgebung, das Sie intensiv mit dieser entspannten und guten Stimmung verbinden – und benutzen Sie es später nach Ihrer Rückkehr zum Beispiel als Bildschirmschoner. Es wird Sie jedes Mal, wenn Sie es anschauen, ein Stück weit entspannen.

• Auch progressive Muskelentspannung (PME) hilft Ihnen dabei, sich im Moment zu verankern. Dies ist ein Entspannungsverfahren, bei dem Sie durch bewusste An- und Entspannung bestimmter Muskelgruppen Ihren ganzen Körper tief entspannen. Indem Sie sich auf die Empfindungen konzentrieren, die mit Anspannung und Entspannung einhergehen, bringen Sie Ihrem Körper – und damit automatisch Ihrem Geist – bei, sich quasi auf Kommando zu entspannen, wann immer Sie das wollen und brauchen.

- Als ein besonders wirksames Mittel, um innerem wie äußerem Druck zu begegnen, empfinde ich Affirmationen. Über Affirmationen (von lat. affirmatio für Versicherung, Beteuerung) lassen sich bestimmte Haltungen bewusst ausdrücken mit dem Ziel, das eigene System positiv zu beeinflussen.

Beispiele für Affirmationen sind: „Ich habe viel Zeit" oder „Ich weiß, dass Stress nur Angst bedeutet. Ich lasse diese Angst los" oder „Es ist alles gut, wie es ist" oder „Ich bin genau richtig, wie ich bin. Alles ist gut in meiner Welt".

Solche Affirmationen, die Sie wie ein Mantra im Rahmen Ihrer Meditation permanent wiederholen oder sich auf eine schöne Karte schreiben und zum Beispiel an Ihren Badezimmerspiegel hängen, holen Sie wirkungsvoll aus einem Strudel kreisender Gedanken heraus. Positive Gedanken führen letztlich zu positiven Gefühlen, die Sie entlasten.

- Auch bewusst gelebte Dankbarkeit wird Sie dabei unterstützen, Druck von außen und innen konstruktiv zu begegnen.

Sie können es mit einem kleinen Abendritual versuchen: Legen Sie sich ein schönes Notizbuch mit einem Stift auf Ihren Nachttisch und schreiben Sie jeden Abend hinein, wofür Sie an diesem Tag dankbar sind, worauf Sie stolz sind und worauf Sie sich am nächsten Tag freuen. Das sorgt dafür, dass Sie die positiven Dinge in Ihrem Leben im Blick behalten – und Sie entwickeln ein tiefes Bewusstsein dafür, was alles gut läuft, trotz allen Drucks, den Sie vielleicht verspüren.

Kapitel 4

Selbstfürsorge: Nur wenn ich selbst gut für mich sorge, kann ich anderen Gutes tun

Erst als ich zusammenbrach, lernte ich meine wichtigste Lektion: dass ich nicht alles in meinem Leben alleine stemmen muss. Endlich spüre ich, was mit mir los ist, wie es mir wirklich geht. Und jetzt weiß ich auch, was gut für mich ist.

Als ich beschloss, alles anders zu machen, war ich 13. Ich wollte niemals heiraten und auch keine Kinder bekommen – sondern Karriere machen! Ich hatte so viele Talente, Wünsche, Träume, Ziele und die wollte ich auf keinen Fall für eine Familie aufgeben. Doch dann kam alles ganz anders. Ja, ich entfaltete meine Talente, ging meinen Wünschen, Träumen und Zielen nach. Aber ich verliebte mich auch, heiratete, bekam meine Tochter, kümmerte mich um sie. Gleichzeitig verfolgte ich meine Karriere. Ich arbeitete viel, in meinem Beruf und in der Familie, war pflichtbewusst und jederzeit angetrieben von dem Wunsch, alles so richtig und gut zu machen, wie es nur irgend möglich war. Auch als ich an das Generalkonsulat in

New York bestellt wurde, gelang mir dies. Es war eine tolle Karrierechance, sowohl für mich als auch für meinen Mann. Nach sechs Jahren kehrten wir nach Österreich zurück, wo wir uns mit dem Ende unserer Ehe konfrontiert sahen. Von da an war ich alleinerziehende Mutter und Karrierefrau. Ich versuchte, meine beruflichen und meine mütterlichen Ambitionen noch besser unter einen Hut zu bekommen.

Ich arbeitete wie verrückt, kümmerte mich bestmöglich um meine Tochter. Ich rannte von hier nach da, immer eine To-do-Liste im Kopf, auf der drei neu zu erledigende Punkte auftauchten, kaum dass ich einen abgehakt hatte.

Dies ging alles eine ganze Weile gut. Bis zu einem gewissen Punkt. Denn auf einmal saß ich morgens heulend an meinem Schreibtisch und hätte nicht einmal sagen können, warum ich weinte. An einem anderen Tag sah ich plötzlich nichts mehr. Vor meinen Augen flimmerten Karomuster. Und es gab noch weitere Anzeichen dafür, dass etwas in meinem Inneren verrutscht war. Ich fühlte mich unsagbar überfordert. Und schließlich kam der Moment, in dem ich wusste, dass es so nicht weitergehen konnte.

Da saß ich gerade zu Hause am Frühstückstisch. Ich stand auf, nahm meine Autoschlüssel und fuhr zum Büro meiner Krankenversicherung. Dort setzte ich mich auf den Besucherstuhl vor dem Schreibtisch der für mich zuständigen Sachbearbeiterin, fing an zu weinen und sagte: „Ich kann nicht mehr und ich will auch nicht mehr." Zum Glück handelte die Sachbearbeiterin schnell und sorgte dafür, dass ich noch am selben Tag in eine Burnout-Klinik gehen konnte.

Sie lag im Engadin. Sechs Wochen sollte ich dortbleiben und eine der wichtigsten Lektionen meines Lebens lernen: dass ich mich erst um mich selbst kümmern muss, bevor ich mich um andere kümmern kann. Und wie das konkret geht. Denn das hatte ich in den zurückliegenden Jahren verlernt. Vielleicht hatte ich das auch noch nie richtig gekonnt.

In den ersten vier Wochen meines Klinikaufenthalts hatte ich keinen Kontakt zu den für mich wichtigsten Menschen – zu meiner damals 19-jährigen Tochter, die in St. Gallen studierte, und zu meiner Mutter. Ich hatte den beiden jeweils nur kurze Nachrichten geschickt, dass ich an einem Ort sei, an dem ich gut aufgehoben sei. Ich hatte versprochen, mich wieder zu melden. Und auch sonst wollte und sollte ich niemanden treffen. Ich ging in die wunderschöne Natur rund um die Klinik. Jeden Tag, stundenlang.

Nach vier Wochen sagte mir meine Ärztin dort, dass es an der Zeit sei, mit meiner Tochter und meiner Mutter zu reden. Deshalb solle ich übers Wochenende nach Hause fahren. Ich rief also meine Tochter an und bat sie, zu mir nach Hause zu kommen. Sie kam dann auch – und war sehr wütend. „Was glaubst du eigentlich? Verschwindest einfach für vier Wochen aus meinem Leben!" Ich erzählte ihr meine Geschichte mit einer Offenheit, mit der ich selbst nicht gerechnet hätte. Meine Tochter schluckte.

„Ich hab' das alles nicht gewusst. Warum hast du nie etwas gesagt?", sagte sie schließlich. Ich entschuldigte mich bei ihr, dass es mir in meinem Leben so schlecht gelungen war, alles unter einen Hut zu bringen, dass ich so eine ungenügende Mutter gewesen war, weil ich sie immer schonen und nicht belasten wollte. Wir weinten beide. Meine Tochter fragte noch einmal, warum ich ihr nichts gesagt habe, warum ich sie nicht so ernst genommen habe, dass ich ihr diese Dinge zugemutet hätte. „Wir hätten doch Lösungen gefunden!", meinte sie. Und dann sagte sie zu meiner großen Überraschung: „Aber weißt du,

Mami, es ist alles gut. Wenn du nicht so gewesen wärst, wie du warst, hätte ich den Übergang von der Schule an die Uni nicht so gut geschafft. Da habe ich mich nämlich ziemlich alleingelassen gefühlt. Aber weil ich zu Hause bei dir gelernt habe, selbständig zu sein und für mich selbst zu sorgen, habe ich das gut hingekriegt. Ich wäre jetzt nicht dort, wo ich bin, wenn das alles anders gelaufen wäre. Es ist alles okay, es hat was Gutes." Meine Tochter und ihre Weisheit und Weitsicht – das war nicht das letzte Mal, dass sie mich damit zutiefst beeindruckt hat. Dieses Gespräch hat uns beide sehr berührt und zusammengeschweißt.

Ganz anders verlief das Gespräch mit meiner Mutter. Sie konnte mir zwar verzeihen, dass ich einfach so abgetaucht war. Aber es gelang uns beiden nicht, eine so enge seelische Verbindung zueinander zu finden, wie meine Tochter und ich es geschafft hatten.

In der Zeit danach, als ich wieder in der Klinik war, dachte ich viel darüber nach. Ich reflektierte die Geschichte meiner Herkunftsfamilie. Mir fiel dabei auf, dass sich Muster der Überforderung sowie chronische Überarbeitung durch die gesamte weibliche Linie meiner Familie ziehen. Oder einfacher ausgedrückt: Alle Frauen hatten bis zum Umfallen geschuftet.

Meine Urgroßmutter zog 16 Kinder alleine groß. Meine Großmutter musste sich von klein auf um ihre Geschwister kümmern. Sie selbst bekam ein Kind – meine Mutter – und hatte einen kranken Mann, den sie versorgte. Meine Mutter ging ebenfalls früh in die Verantwortung: Schon mit 16 führte sie den Haushalt und sorgte zusammen mit meiner Großmutter für die gesamte Familie. Meine Mutter bekam mich und meine beiden Brüder in sehr kurzen Abständen.

Mein jüngerer Bruder hat eine Behinderung und brauchte intensive Pflege. Meine Mutter schaffte es dank ihrer nie ermüdenden Fürsorge, dass mein Bruder heute auf eigenen Beinen steht. Der Preis dafür war hoch. Dass ich so ein aufopferungsvolles Leben nie würde führen wollen, war deshalb für mich früh klar. Dennoch trage ich diese familiären Verhaltensmuster in mir. Ich entlarvte sie erst spät in meinem Leben. Meine Tochter ist tatsächlich die Erste in unserer Familie, die früh lernte, auf sich zu schauen und gut für sich selbst zu sorgen. Mir gelang dies erst seit der Burnout-Klinik. Ich lernte, zu spüren, was mit mir los ist, wie es mir wirklich geht, wieder Verbindung zu mir selber zu finden, und vor allem, dass ich nicht alles in meinem Leben alleine stemmen muss. Ich lernte, um Hilfe zu bitten und sie auch anzunehmen.

Es kam noch etwas anderes hinzu, ein Einfluss alten Wissens: Schon in den 1990er-Jahren hatte ich meine ersten Begegnungen mit den indigenen Völkern Nordamerikas und ihren weisen Menschen gehabt.

Ich nahm an Zeremonien teil, tauchte in eine ganz neue Welt ein. Davon werde ich später in diesem Buch noch mehr erzählen. An die tiefe Verbundenheit dieser Menschen mit der Natur erinnerte ich mich in meiner Zeit in der Burnout-Klinik im Engadin. In den vielen Stunden, die ich damals draußen in der Natur verbrachte, hielt ich etliche der Zeremonien ab, die ich bei den Indianern gelernt hatte. Ich sprach mit der Natur, mit allem, was in ihr lebte. So versuchte ich, wieder Boden unter die Füße zu bekommen. Und das gelang mir auch – denn wir sind auf einer Stufe mit allem, was in der Natur ist. Ich sah und beobachtete so viele Tiere, etwa Hirsche, Rehe, Eichhörnchen, aber auch Insekten, Vögel und Pflanzen. Dieses aufmerksame und konzentrierte Beobachten half mir, mich im Moment zu verankern und meine mentale Gesundheit zu bewahren. Ohne die Verbindung mit der Natur wäre ich vermutlich wahnsinnig geworden.

Selbstaufopferung und das Leben in der Leistungsgesellschaft

In der Generation meiner Eltern ist es ein weit verbreitetes Verhaltensmuster, sich für andere aufzuopfern. Das gilt im Übrigen nicht nur für Frauen, die sich, wie oben schon beschrieben, intensiv um ihre Kinder oder pflegebedürftige Eltern kümmerten.

Es gilt genauso für die Männer, die jahrzehnte-, wenn nicht jahrhundertelang dem Glaubenssatz folgten, dass sie sich für ihr Vaterland aufopfern müssen.

Dieser Glaubenssatz ist jedoch spätestens durch die Weltkriege so massiv erschüttert worden, dass sie aus dieser Aufopferung leichter herausfanden. Für Frauen in ihrer Rolle als Mütter und Versorgerinnen gab es solche „Erweckungserlebnisse" nicht oder nicht in diesem Maße.

Sicher, einige Frauen lebten im Zuge der 68er-Revolution zunehmend selbstbestimmt und fanden zu einem neuen Rollenverständnis. Aber deutlich mehr Frauen tun sich nach wie vor schwer, etwas, das sie vielleicht vom Kopf her begreifen, auch in die Tat umzusetzen.

Ich sehe das nicht nur bei den Frauen in der Generation meiner Mutter, sondern auch bei denen meiner eigenen Generation. Sich lieber aufzuopfern, anstatt sich gut um sich selbst zu kümmern, ist ein schwierig aufzubrechendes gesellschaftliches Muster – und bedeutet keinesfalls persönliches Versagen.

Ein weiteres Muster, das mitunter schwierige Folgen für unser aller Leben hat, ist der Anspruch, den die Leistungsgesellschaft an jeden einzelnen Menschen richtet. Nur wer etwas leistet, ist etwas wert. „Wer nicht arbeitet, soll auch nicht essen" – solche Sätze kenne ich noch aus meiner Großelterngeneration.

Die Emanzipation der Frauen brachte die Erkenntnis, dass Frauen auch etwas anderes leisten können als „nur" Familienarbeit. Was aber zu einem neuen Dogma führte: Frauen haben heute beides zu leisten – Kinder großziehen und Karriere machen.

In ihrem an sich selbst gerichteten Anspruch, das stets unter einen Hut zu bekommen, können sie nur verlieren. Sie wollen scheinbar alles und bekommen die Konsequenzen erst dann zu spüren, wenn es fast schon zu spät ist. Wie Frauen mit ihrer Zeit, ihren Ressourcen und ihrer Energie umgehen, mündet oft in eine Sackgasse. Sie neigen dazu, sich permanent zu überschätzen und zu überfordern.

Das ist die Kehrseite der großen Freiheit – Stress und Druck entstehen. Auch ich landete in dieser Falle, als ich aus den USA zurückkam und als alleinerziehende Mutter gleichzeitig Karriere machen wollte.

Unsere Gaben sind unser Gottesgeschenk

Warum ist das Konzept der Selbstfürsorge eigentlich so wichtig? Wo genau verläuft die Grenze zum Egoismus? Die Antwort darauf ist in meinen Augen einfach: „Liebe deinen Nächsten wie dich selbst" heißt es im Basisdokument unserer christlich geprägten Kultur, der Bibel. Das heißt für mich: Bevor ich mich um andere kümmern oder sie lieben kann, muss ich bei mir selbst damit beginnen. Deshalb steht es in unserer Verantwortung, dass wir uns um uns selbst kümmern. Wir sollten uns selbst mindestens genauso viel wert sein wie jeder andere Mensch.

Es ist Teil unserer Lebensaufgabe, dass wir unseren Körper, unseren Geist und die Gaben pflegen, die wir mitbekommen haben. Sie sind unser Gottesgeschenk und keine Selbstverständlichkeit.

Wir haben eine gewisse Kraft erhalten, und wenn wir dafür nicht Sorge tragen, werden wir bald an unsere Grenzen kommen. Ich weiß: Es ist nicht leicht, herauszufinden, was genau unsere Gaben sind und wie wir sie dann auch richtig einsetzen, sodass sie zum Besten für alle dienen. Aber jeder von uns hat sie, diese besonderen Gaben.

Bei mir sind es beispielsweise die Diplomatie, die Unterscheidungsfähigkeit und die Fähigkeit, eine Umgebung so zu gestalten, dass Menschen gerne in meiner Nähe sind.

Sich seiner Gaben bewusst zu werden, sie kennenzulernen, sie konstruktiv einzusetzen, sie zu schätzen und dankbar dafür zu sein, ist der erste Schritt der Selbstfürsorge – und hat nichts mit Egoismus zu tun. Vielleicht wird dies deutlich, wenn Sie an ein Geschenk denken, das Sie von jemand anderem bekommen. Wenn Sie dafür dankbar sind, dann hegen und pflegen Sie es und erfreuen sich daran. Wer undankbar ist, legt es in irgendeine Ecke und achtet nicht weiter darauf.

Oder denken Sie an die Wertschätzung, die Sie einem anderen Menschen entgegenbringen: Wenn Sie ihn mögen und respektieren, dann kümmern Sie sich darum, dass es ihm gut geht – und behandeln ihn nicht geringschätzig. Das gilt übrigens auch für Führungskräfte und ihre Mitarbeitenden. Wer als Führungskraft in einer guten Selbstfürsorge ist, schaut aufmerksam danach, was seine Mitarbeiter brauchen, um ihren Aufgaben gut nachgehen zu können. Er lässt sie weder schuften, bis sie umfallen, noch kreidet er ihnen jeden Fehler an oder kanzelt sie vor versammelter Mannschaft ab. Ähnliches gilt auch für die Moderation von großen Gruppen. Wem es nicht gut mit sich selbst geht, der kann auch schlecht eine Gruppe führen. Wer es trotzdem versucht, muss kämpfen und angestrengt Energien mobilisieren – und das verhindert, dass man in einen Modus kommt, in dem Führung mit Leichtigkeit, Eleganz und Präsenz gelingt.

Was mich in der Auseinandersetzung mit dem Thema Selbstfürsorge erschütterte, war die Erkenntnis, dass ich niemand anderen je so schlecht behandelt hatte wie mich selbst. Ich hatte es früher noch nicht einmal gemerkt, wie ich mich selbst ausgebeutet und den letzten Rest an Kraft aus mir herausgepresst hatte.

Ich ging mit mir selbst so um, wie ich mit niemandem umgehen würde, der mir halbwegs wichtig ist. Wenn ich nicht so eine robuste Konstitution hätte, wie ich sie aufgrund meiner familiären Disposition nun mal habe, hätte es mich auch sicherlich viel früher aus der Bahn geworfen.

Mittlerweile kenne ich jedoch meine Symptome für Überarbeitung, für Selbstausbeutung und kann damit gut umgehen. Ich finde schneller wieder in eine gesunde Balance. Meine Tochter sagte irgendwann zu mir: „Mami, ich bin so stolz auf dich, dass du mittlerweile drei Stunden auf dem Sofa liegen und einfach nur aus dem Fenster schauen kannst."

In Sachen Selbstfürsorge habe ich viel von meiner Tochter gelernt. Sie kann hart und lange arbeiten – da hat sie dieselbe Konstitution und familiäre Prägung wie ich.

Gleichzeitig hat sie gelernt, sich gut abzugrenzen – mir gegenüber, ihrem Partner gegenüber, ihrem Arbeitgeber gegenüber. Meiner Beobachtung nach ist die jüngere Generation hier deutlich weiter, als wir es sind. Die jungen Arbeitnehmer sagen ihrer Chefin oder ihrem Chef ganz klar: Am Wochenende bin ich für meine Familie da und nicht erreichbar. Sie machen klare Ansagen, was sie brauchen, damit es ihnen gut geht. Sie haben den Mut, dafür einzustehen.

Das ist gelebte Selbstfürsorge.

Was die Menschen früherer Zeiten uns heute beibringen

Ein Blick in die Geschichte zeigt: Fehlende Selbstfürsorge ist ein Phänomen unserer postindustriellen Leistungsgesellschaft. Die Menschen früherer Zeiten wussten sehr wohl, wie sie eine gute Balance zwischen Anspannung und Entspannung halten – festgehalten in vielen alten Schriften und im kollektiven Wissen der Naturvölker. „Am siebten Tage sollst du ruhen" – so steht es beispielsweise in der Bibel.

Jetzt könnten Sie einwenden: Uns geht es doch heute viel besser als den Naturvölkern damals – die Menschen sind doch längst nicht so alt geworden wie wir und sie mussten permanent ums Überleben kämpfen!

Erst recht die Urmenschen! Solche Aussagen höre ich oft. Yuval Harari, ein israelischer Historiker, kontrastiert in seinem viel beachteten Buch „Eine kurze Geschichte der Menschheit" das Leben der Wildbeuter vor 70.000 Jahren mit dem Leben einer chinesischen Fabrikarbeiterin heute. Mit erstaunlichen Ergebnissen: Die meisten Urmenschen wurden gar nicht weniger alt als wir, bloß die Säuglingssterblichkeit war hoch. Das beeinflusst die Statistik entsprechend.

Sie ernährten sich „ideal" und ihr Körper war genau auf ihre Nahrung eingestellt. Erst mit der Landwirtschaft kamen die Mangelerscheinungen durch einseitige Ernährung. Und erst mit der Nutztierhaltung sprangen Infektionskrankheiten auf den Menschen über.

Die Jagd und das Sammeln von Nahrung nahmen bei Wildbeutern nur ungefähr sechs Stunden pro Tag in Anspruch. Der Rest war Freizeit. Die chinesische Fabrikarbeiterin dagegen geht um sieben aus dem Haus, verrichtet in einem stickigen Sweatshop zehn Stunden lang mit gekrümmtem Rücken die immer gleichen Handgriffe – und muss dann abends zu Hause noch abwaschen, putzen und Wäsche waschen.

Fortschritt sieht anders aus. Heute kommen wir deshalb wieder auf die alten Techniken zurück, üben Yoga, Meditation, Achtsamkeit, Waldbaden und lernen und erleben langsam, dass zu einem gesunden Leben auch Entspannung gehört. In uns allen ist eine große Sehnsucht, nicht in ständiger Anspannung zu leben.

Wie Sie sich gut um sich selbst kümmern

• Es beginnt bei ganz einfachen Dingen: Nehmen Sie sich am Morgen ein oder zwei Minuten Zeit, strecken und dehnen Sie sich einmal durch und fragen Sie sich, was Sie brauchen, um den Tag gut zu überstehen, bevor Sie aus dem Haus stürmen.

• Atmen Sie auch tagsüber immer wieder tief durch und fragen Sie sich: Wie geht es mir gerade? Brauche ich etwas zu essen, zu trinken? Wie lange ist es her, dass ich etwas getrunken habe? Nehme ich mir kurz Zeit, um ein paar Minuten an die frische Luft zu gehen?

• Nehmen Sie sich abends Zeit für Ihre „Gedankenhygiene": Lassen Sie den Tag Revue passieren: Was ist gut gelaufen, was hätte anders laufen können?

Achten Sie besonders darauf, sich nicht selbst schlecht zu machen. Wenn etwas nicht so gelaufen ist, wie Sie es gerne gehabt hätten, überlegen Sie sich stattdessen lieber, wie ein Idealverlauf ausgesehen hätte, und nehmen Sie sich vor, es das nächste Mal besser zu machen. Schlafen Sie mit positiven Gedanken ein.

• Selbstfürsorge heißt auch: Wenn jemand Sie um einen Gefallen bittet, sagen Sie nicht sofort Ja. Sondern überlegen Sie erst einmal, ob Sie das, was gewünscht wird, überhaupt machen können. Und wenn Sie zusagen, klären Sie, (bis) wann Sie das machen können und (bis) wann eben nicht.

• Überlegen Sie außerdem, wo Sie für sich selbst regelmäßig eine Nische einrichten können. Die Betonung liegt auf regelmäßig. Ganz egal, ob Sie jeden Tag eine halbe Stunde laufen, 15 Minuten meditieren oder immer den Sonntag nur für sich haben.

Bitten Sie die Menschen, mit denen Sie zusammenleben, Ihre Entscheidung zu respektieren. Was Sie in dieser Zeit tun, hängt ganz von Ihnen ab.

Machen Sie sich von Moden aller Art unabhängig. Nur weil jetzt zum Beispiel viele Menschen Yoga machen, muss es für Sie nicht das Richtige sein.

• Geben Sie außerdem Ihrem Arbeitstag eine Struktur und überlegen Sie, welche Räume es dort für Sie selbst gibt. Quetschen Sie nicht noch ein Meeting oder noch eine Telefonkonferenz in einen bereits vollen Tag, sondern schaffen Sie auch Raum für sich selbst. Geben Sie so Ihrem Alltag einen Rhythmus und halten Sie ihn ein.

• Was die indigenen Völker Nordamerikas genauso wussten wie meine Großeltern: Wie wichtig ein Sitzplatz ist, an dem sie jeden Tag zur gleichen Zeit sitzen.

Meine Großeltern zum Beispiel setzten sich wie schon erwähnt jeden Tag nach getaner Arbeit auf die grüne Bank neben der Haustür. Dort sinnierten sie über den Tag, manchmal sprachen sie miteinander, manchmal nicht. Immer aber schauten sie in die Natur hinaus und beobachteten sie.

Mit dem Blick auf den gegenüberliegenden Berghang erlebten sie den Wechsel der Jahreszeiten.

Das prächtige Farbenspiel des Buchenwaldes war immer anders, nie ermüdend, nie langweilig. Vom zarten Grün im Frühling, unzähligen Farbschattierungen von Hell- bis Dunkelgrün im Sommer, die kein noch so talentierter Maler zu Papier bringen kann, über das kräftig leuchtende Herbstlaub, das jeden Tag aufs Neue entzückt, bis zu den schneebedeckten Kronen im Winter, die in der Sonne glitzern.

Man hätte ihnen nicht sagen brauchen, ob es Mai oder Juni war. Sie hörten es am Gesang der Vögel. Mit dieser Naturbeobachtung fanden sie Ruhe und erdeten sich.

Auch die Indianer saßen abends am Feuer, um den Tag zu beschließen. Für mich ist heute mein Sitzplatz ebenfalls ein Ort der Ruhe, der Beruhigung, der inneren Einkehr – und damit der Selbstfürsorge.

Kapitel 5

Vertrauen: Wer sich dem Fluss des Lebens anvertraut, trifft die richtigen Entscheidungen

Ich habe unsägliche Angst. Ich lasse mich trotzdem fallen – nicht wissend, was geschehen wird. Und indem ich falle, verwandelt sich meine Angst.

Als ich aus der Burnout-Klinik zurück in den Alltag kam, gab ich meinem Tag eine neue Struktur: Ich begann, zu Fuß zur Arbeit zu gehen. Der Weg dauerte ungefähr eine halbe Stunde und führte mich an einer Kuhweide vorbei, durch ein kleines Wäldchen und dann durch die Straßen von Vaduz. Abends auf dem Rückweg nahm ich eine andere Strecke, die etwas länger dauerte. So schaffte ich es morgens, mich für den Tag zu stärken, und abends konnte ich mich nach einem langen Arbeitstag erden und Abstand gewinnen.
Trotz dieses neuen Rituals ging ich mittlerweile jeden Morgen mit einem unguten Gefühl ins Büro. Ich passte nicht mehr dorthin. Ich passte nicht mehr in meinen Job. Ich hatte mich innerlich weiterent-

wickelt. War ich bisher in der Diplomatie und politischen Kommunikation glücklich gewesen, fiel es mir nun immer schwerer, mein wahres Wesen hinter einer Rolle zu verstecken und zu funktionieren.

Immer stärker drängte es mich, meine ureigenen Werte und Überzeugungen auch an meinem Arbeitsplatz einzubringen. Gleichzeitig machten mir mein Arbeitgeber und meine Kolleginnen und Kollegen sehr deutlich, dass dies nicht gewünscht war – was ich zu hundert Prozent verstand und auch niemandem ankreiden wollte! Dies änderte jedoch nichts daran, dass ich mich von Tag zu Tag mehr als Fremde fühlte.

Wenn ich von meinen Naturerfahrungen am Wochenende erzählte, wenn ich Verständnis für Medienvertreter und andere Menschen zeigte, die unsere Arbeit kritisch sahen, stieß ich auf Unverständnis. Ich merkte an der Reaktion meines jeweiligen Gegenübers, dass es da immer weniger eine gemeinsame Ebene gab, auf der wir uns begegnen konnten.

In dieser Zeit wuchsen meine Überlegungen, mich selbständig zu machen. Es gab so viel Wertvolles, das ich als Diplomatin gelernt hatte und von dem potenzielle Kundinnen und Kunden aus der Wirtschaft profitieren konnten. Außerdem wollte ich endlich unabhängiger sein und freier über meine Zeit bestimmen können. Ich wollte noch mehrere Ausbildungen machen, von denen ich schon lange geträumt hatte. Bei alledem spürte ich, dass die Zeit dafür nun reif war.

Womit ich jedoch nicht gerechnet hatte, war die leise Panik, die sich schon beim Gedanken daran zu kündigen, in mir breitmachte. Ich hatte vermutlich einen der interessantesten Jobs auf diesem Planeten, meine Talente kamen hier voll zum Tragen und sogar die Bezahlung war gut. Nur weil ich das Gefühl hatte, meine Kollegen schauten mich schräg an, wenn ich von meinen Naturerlebnissen erzählte, wollte ich das alles aufgeben? Ich musste den Verstand verloren haben! Und würde unter der Brücke enden – mittellos, allein, abhängig von Almosen, nicht überlebensfähig.

Die nackte Existenzangst drängte sich in mein Hirn und meinen Bauch. Um mich zu beruhigen, fuhr ich an den Wochenenden immer wieder ins Engadin. Dort steht der höchstgelegene zusammenhängende Zirbenwald Europas (oder Arvenwald, wie die Schweizer sagen), in den ich oft ging. Eine der Zirben hatte es mir besonders angetan. Sie war sehr groß, alt und knorrig, mit weit ausladenden Ästen. Aufgefallen war sie mir, weil neben ihr ein Schild stand mit der Inschrift: „Hier bin ich, stehe ich und bleibe ich, du wirst schon sehen. Denn ich habe gelernt, dass nach jedem Winter ein Frühling kommt."

Ich nannte sie „Großmutter Zirbe" und verbrachte Stunden unter ihr sitzend und mit dem Rücken an ihren Stamm gelehnt. Ihr erzählte ich all meinen Kummer, meine Ängste, meine Unsicherheiten. Ich vergoss viele Tränen. Das gab mir Trost und erleichterte mich, und das kleine Gedicht wurde mein Mantra. Meine Existenzangst wurde ich deswegen trotzdem nicht los.

Als ich eines Tages wieder zu Großmutter Zirbe kam, sah ich schon von Weitem, dass etwas geschehen war – auf der einen Seite des wunderschönen alten Baumes schien ein großer Teil zu fehlen. Und in der Tat: Die Zirbe hatte einen großen Ast verloren. Vermutlich hatte der Sturm, der in der Woche davor im Engadin große Schäden angerichtet hatte, den Ast heruntergerissen. Es fühlte sich für mich fast an, als hätte man mir einen Arm amputiert. Die Flut meiner Tränen überraschte mich selbst. Wie es meine Art ist, sprach ich mit dem Baum und sagte: „Du bist wunderschön, und du bist mir Trost!" In dem Moment, als ich die Worte aussprach, geschah etwas Merkwürdiges: Eine große Zuversicht durchströmte mich. Ich wusste auf einmal mit unverrückbarer Sicherheit, dass ich alles überstehen würde, was in den nächsten Wochen und Monaten auf mich zukommen würde. Ich wusste von einer Sekunde auf die nächste, dass ich aus meinem Gefängnis ausbrechen und mich selbstständig machen würde. Und es würde alles gut gehen. Ich würde nicht unter der Brücke enden. Sondern ein erfülltes und erfüllendes, ein gelingendes Leben führen, in dem ich all meine Fähigkeiten, all meine Kompetenzen, all meine Werte zum Wohle anderer einsetzen könnte.

Das Vertrauen war zurück.

Sich mit dem Fluss des Lebens verbinden

Am Anfang war das Vertrauen – Vertrauen ist unser natürlicher Zustand. Wenn wir auf die Welt kommen, vertrauen wir. Wir vertrauen darauf, dass wir versorgt werden, dass wir geliebt werden, dass wir sicher sind. Erst nach und nach kommt uns dieses Vertrauen abhanden, durch unterschiedliche Erfahrungen, durch Enttäuschungen. Das Vertrauen weicht und an seine Stelle tritt Angst. Wann immer sich die Angst breitmacht, können wir das Vertrauen jedoch zurückgewinnen – indem wir uns ganz bewusst mit dem Fluss des Lebens verbinden. Sie alle kennen Situationen wie diese: Sie haben einen Arzt- oder Kundentermin mitten in einer belebten Innenstadt und suchen einen Parkplatz. Überdies sind Sie zu spät dran!

Exakt vor der Tür Ihres Arztes oder Kunden ist ein freier Parkplatz. Wie für Sie reserviert. Und genau so ist es dann auch. Wenn das passiert, dann sind Sie im Fluss des Lebens und im Vertrauen unterwegs. Dann gibt es aber auch Tage, an denen die Angst regiert. Dann sind Sie schon von vornherein irgendwie sauer und denken sich: Mist, jetzt suche ich wahrscheinlich wieder stundenlang nach einem Parkplatz. Und genauso kommt es dann auch.

Solche Synchronizitäten gibt es etliche im Leben. Sie zeigen uns ganz genau, wo wir im Vertrauen unterwegs sind und wo nicht.

Vertrauen entsteht aus der Verbindung mit etwas Größerem. Angst wiederum kommt aus der Abspaltung von diesem Größeren, deshalb fangen unsere Gedanken an zu kreisen. Wir analysieren alles und jeden und ständig – und dies wiederum tun wir, weil wir die Lösung (noch) nicht sehen. Deshalb ist es wichtig, sich der Angst zu stellen, sich die Angst bewusst zu machen. Angst ist ein Bestandteil unseres zivilisierten Lebens. Es ist normal, Angst zu haben. Sie zu verleugnen, zu verdrängen, zu ignorieren, ist deshalb eine ganz schlechte Idee. Nur wer diese Art von Schattenarbeit leistet, findet wieder ins Vertrauen zurück. Doch wie stellt man sich seinen Ängsten, aktiv und gezielt und auf eine Art und Weise, die uns stärkt und weiterbringt?

Journey of the Waters

Mein Herz raste und meine Handflächen waren nass. Ich stand am Rand eines aus einer heißen Quelle gespeisten Wasserbeckens, mit dem Rücken zum Wasser. Das Becken befand sich in einer Höhle. Es war stockdunkel. Hinter unserer Gruppe lagen lange Rituale und Zeremonien, die sich die halbe Nacht hingezogen und uns auf das vorbereitet hatten, was gleich passieren sollte. Wir waren alle in einem „State of mind" der höchstmöglichen Präsenz im Moment. Meine Aufgabe würde es gleich sein, mich rückwärts in dieses Wasser hineinfallen zu lassen – nachdem ich zuvor meine größte Angst laut formuliert hatte. Beginnen sollten wir alle mit der Formulierung: „I'm dying to ..." Ich atmete ein paar Mal tief durch. Mein Herz klopfte immer noch bis zum Hals. Alle warteten auf meine Worte. Ich sagte: „I'm dying to my biggest fear of dying before my daughter turns 16" – und ließ mich nach hinten fallen.

Es fühlte sich tatsächlich an, als würde ich sterben. Was aber starb, war meine Angst – nicht ich. Deshalb die Worte: „I'm dying to my biggest fear". Indem ich mich fallen ließ, wurde meine Angst transzendiert.

Ich erkannte: Die Angst, dass ich sterbe, bevor meine Tochter auf ihren eigenen Füßen stehen würde, war nur eine Angst – und nicht real.

Im Wasser wurde ich von einer Heilerin des Stammes der Apachen (oder Shishinde, wie sie sich selbst bezeichnen) aufgefangen. Meine Angst verwandelte sich in Vertrauen. Als ich aus dem Wasser stieg, wusste ich tief und fest verankert in mir: Es gibt nichts mehr, wovor ich mich fürchten muss. Am Ende der Zeremonie fand dort in diesem Becken noch das Cradling statt – einer der Heilerinnen hielt mich im warmen Wasser wie ein Kind. Es stiegen Emotionen in mir hoch, von denen ich überhaupt nicht wusste, dass sie noch da waren. Das war sehr schmerzvoll, aber auch heilsam. Am Ende dieser Nacht war ich völlig erschöpft und leer. Ich schlief 14 Stunden durch.

„Journey of the Waters" – so hieß die mehrtägige spirituelle Reise, in deren Rahmen ich an dieser Zeremonie teilnahm. Die Apachen wandern dazu seit Jahrhunderten von Kraftort zu Kraftort, quer durch New Mexico und Colorado. In den für sie heiligen heißen Quellen unterziehen sich die Teilnehmer einer inneren Reinigung und Heilung. Im Sommer 1996 hatte ich das Glück, als eine der ersten Weißen zu dieser spirituellen Reise eingeladen zu werden. Oh Shinnah Fast Wolf, damals eine meiner spirituellen Lehrerinnen, hatte nach vielen Jahren Diskussion von ihrem Ältestenrat die Erlaubnis bekommen, diese traditionellen Heil- und Reinigungszeremonien auch nicht-indianischen Menschen zugänglich zu machen.

Die Journey of the Waters war ein unvergessliches Erlebnis für mich. Es war ein Initiationsritual für den Rest meines Lebens, das eine Balance zwischen meinem Innenleben und der äußeren Welt wiederherstellte. Dieses Ritual veränderte mich und prägt mich bis heute. Danach konnte ich alle Hindernisse meines Lebens mit gutem Vertrauen meistern.

Sicherheit im Außen gibt es nicht

Wenn ich später dennoch immer wieder in Situationen geriet, in denen ich die Verbindung zu mir selbst, dem gegenwärtigen Augenblick und der Natur nicht mehr ganz so stark aufnehmen konnte, dann lag es daran, dass ich das erlebte, was Sigmund Freud einmal das „Unbehagen in der Zivilisation" genannt hatte. In einem hektischen Alltag sich selbst zu verlieren, geht schnell. Nicht mehr zu spüren, was mit einem selbst los ist, wie es einem geht, überflutet von Lärm, von zu vielen Menschen um sich herum, jeden Tag von hier nach da zu hetzen und seinen To-do-Listen hinterherzurennen – wer kennt das nicht?

Eine ständige erfolglose Suche nach Sicherheit in äußeren Faktoren bestimmt dann auf einmal das Leben: Finanzielle und materielle Aspekte bekommen eine immense Macht über unser Wohlbefinden und Glück. Angst und Unsicherheit greifen um sich. Wenn sich in mir solche Gefühle breitmachten – wie am Anfang dieses Kapitels geschildert – ging ich hinaus in die Natur. Dort konnte ich mich so viel besser mit mir selbst und den Wurzeln meines Menschseins verbinden. Ein Großteil unserer menschlichen Evolution hat in der Natur stattgefunden.

Wenn wir dorthin zurückkehren, aktivieren wir unser Ur-Vertrauen – indem wir alle unsere Sinne aufwecken und schärfen, entwickeln wir ein Gefühl der Sicherheit. Es basiert darauf, dass wir uns an unsere Fähigkeiten erinnern, die unser Überleben seit Urzeiten gesichert haben, und sie reaktivieren: genau schauen, genau hören, Nahrung finden, Feinde rechtzeitig entdecken und vor ihnen fliehen.

Wenn ich wache Sinne habe, dann weiß ich, dass ich auf alles, was da kommt, adäquat und vorausschauend reagieren kann. Dann höre ich nämlich: Ah, Feind im Anmarsch, ich habe noch zwei Minuten Zeit, um in Deckung zu gehen. So entwickle ich wieder Vertrauen zu mir selbst und meinen Stärken. Ich fühle mich sicher.

In die Einsamkeit der Natur zu gehen, sich dort seinen Ängsten zu stellen, sie zu überwinden und gestärkt zurückzukommen, gehört wesentlich zur Spiritualität der nordamerikanischen Indianer. Diese Praxis hat weniger etwas mit Mutproben zu tun, sondern es handelt sich hier vielmehr um sogenannte „Rites of Passage" – Rituale, die es dem Menschen erleichtern, Übergänge beispielsweise zwischen zwei Lebensstadien oder sozialen Zuständen zu bewältigen.

Sich der Natur auszusetzen, gehört bei den nordamerikanischen Indianern selbstverständlich zum Leben – im Rahmen von Vision Quests bleiben sie beispielsweise tagelang völlig auf sich gestellt ohne Nahrung draußen in der Wildnis, um Antworten auf essentielle Fragen zu erhalten. Auch der Erleuchtung Buddhas ging ein Vision Quest unter dem Bodhibaum voraus.

In unserem heutigen Denken ist die Natur dagegen ein Feind geworden. Wir kämpfen gegen die Elemente – gegen Schnee, gegen Kälte, gegen Hitze, gegen Wasser, gegen Stürme – alles wird bekriegt.

Wir fühlen uns von der Natur zutiefst bedroht, weil wir nicht mehr in Verbindung mit ihr sind, weil wir uns nicht als Teil der Natur erleben, weil wir viel zu sehr im Kopf sind. Völker, die der Natur verbunden sind, vertrauen auf ihre Intuition, auf ihre Wachheit, auf ihre Sinne. Sie verstehen die Sprache der Natur.

Und wenn sie im Wald plötzlich vor einem riesigen Elch stehen, dann würden sie nicht in Panik verfallen, wie unsereins, sondern würden versuchen, mit dem Tier zu kommunizieren. Das halten wir mit unserem modernen Verstand für irrational – aber das ist das, was Verbun-

Vertrauen: Im Fluss des Lebens die richtigen Entscheidungen treffen

denheit auch ausmacht: mit der Natur kommunizieren.

Wer das verstanden hat, kann diese Art der Kommunikation mit der Natur auch in seinen Alltag in der Zivilisation einfließen lassen. Denn selbst wenn wir mitten in der Stadt leben, sind wir ein Teil der Natur – Natur ist nicht nur Wald, sondern auch die Luft, die wir atmen; selbst die Reifen unserer Autos sind aus den Stoffen hergestellt, die die Natur uns gibt. Und wenn wir mit dem Auto in der Stadt unterwegs sind und einen Parkplatz suchen, sprechen wir gewissermaßen mit der Umgebung um uns herum. Da wird der eine nervös, weil es in seiner Welt völlig aussichtslos ist, am Freitagabend einen Parkplatz in der Innenstadt zu bekommen, während der andere im Vertrauen ist, mit sich selbst verbunden, intuitiv im Fluss – und wie durch ein Wunder findet er genau dort einen Parkplatz, wo er ihn braucht.

Wenn wir nicht gegen all die Dinge ankämpfen, die wir vorfinden, sondern uns einfühlen, Verständnis entwickeln und aus dem Verständnis heraus reagieren, wenn wir die Sprache dessen sprechen, was uns umgibt, dann überleben wir, sind wir sicher, wissen intuitiv auch in einer Tiefgarage, ob es ungefährlich ist, sie durch einen dunklen Ausgang zu verlassen, oder ob wir besser außen herumgehen. Ähnliches gilt auch für Organisationen: Sind wir im Vertrauen und in der Verbundenheit mit uns selbst und der Natur unterwegs, können wir auch dort gut bestehen, selbst wenn der überehrgeizige CEO den dritten Change-Prozess in zwei Jahren anstößt. Wenn ich mein Urvertrauen wiederaufgebaut habe, dann kann ich damit besser umgehen.

Kopf und Körper müssen zusammenwirken

Transformationsprozesse geschehen nicht über Nacht. Es dauert mitunter Jahre, bis man das Gefühl hat, ein Stück auf dem Weg der Entwicklung weitergekommen zu sein. Im Grunde handelt es sich hier um einen lebenslangen Weg.

Bevor ich zu konkreten Tipps für Sie komme: Es reicht nicht, diese Dinge nur intellektuell anzugehen. Über die reine Einsicht kommen wir nicht an tiefsitzende Ängste heran und gewinnen auch kein Vertrauen. Transformation gelingt nur, wenn der Körper beteiligt ist. Denn all unsere Ängste sind in unserem Körper gespeichert – das reicht von chronischen Muskelverspannungen bis tief hinein in unsere Zellen. Also ist es auch immer ein guter Weg, sich den eigenen Ängsten zu stellen, Vertrauen zu sich selbst und in den Fluss des Lebens zu entwickeln, indem wir den Körper quasi mitnehmen. Ein Buch zu lesen oder sich einen Podcast anzuhören, kann ein erster Schritt sein, aber niemals den echten, durchlebten Prozess ersetzen.

Keine Sorge: Dazu müssen Sie nicht die Journey of the Waters machen und sich rückwärts in eine heiße Quelle hineinfallen lassen, so wie ich das getan habe.

Sie können Naturverbindung und Angstkonfrontation auch hierzulande schaffen.

Am Ende wird für Sie die erlebte und erfahrene Erkenntnis stehen, dass Sie als Mensch genau richtig sind, so wie Sie sind. Es gibt in der Natur kein „Ich bin hier falsch" oder „Ich passe nicht". Sicher: Es kann durchaus sein, dass Sie Dinge tun, die Ihnen nicht entsprechen – weil Sie darauf im Elternhaus, in der Ausbildung oder im Beruf konditioniert wurden. Wenn Sie aber in die Natur hinausgehen, ganz ehrlich zu sich selbst sind und sich fragen: Was entspricht mir, was ist meine Aufgabe, was ist mein Anliegen, und den Antworten darauf folgen – dann werden Sie nach und nach ein tiefes Vertrauen entwickeln. Denn dann sind Sie in Harmonie mit dem, wie Sie gemeint sind. Je mehr Sie bei sich selbst sind und je ehrlicher Sie sind, desto eher entwachsen Sie der Entfremdung und gelangen in Verbindung mit einer universalen Ganzheit. Die Verbindung mit der Natur sorgt dafür, dass Sie sich mit sich selbst verbinden.

Die Natur ist nichts, was sich ausschließlich im Außen abspielt, sondern sie lebt auch in Ihrem Inneren – und aus dieser Verbindung speist sich Ihr (Selbst-)Vertrauen. Nehmen Sie die Natur als Zeugin Ihrer Verbundenheit mit sich selbst, Ihrer Selbstfindung, Ihres Selbstbewusstseins. Alles, was Sie für Ihr Leben brauchen, tragen Sie in sich. In der Natur draußen finden Sie es leichter wieder, falls Sie unterwegs einmal spüren, dass Sie die Verbindung verloren haben.

Wie Sie Vertrauen zu sich selbst gewinnen

• Gehen Sie hinaus in die Natur, auch wenn es nur der nächstgelegene Park ist. Setzen Sie sich an den Fuß eines Baumes, spüren Sie seine beruhigende Präsenz in Ihrem Rücken. Beobachten Sie genau, was um Sie herum geschieht. Welche Tiere sich zeigen, wie Pflanzen und Gräser aussehen, wie sie sich im Wind bewegen.

Reflektieren Sie: „Hier bin ich und ich bin ein Teil der Natur, ein Teil all dessen, was mich umgibt. Welche Stärken haben die Tiere, die ich sehe? Die Vögel, die Spinnen, die Käfer? Wie überleben sie? Und als Mensch – welche Überlebensstrategien habe ich?"

Machen Sie sich mittels dieser Reflektionen bewusst, welcher Reichtum Sie umgibt: Sie haben eine Wohnung mit einer Heizung, Möbeln und können sich Mahlzeiten zubereiten!
Auch wenn sich das vielleicht im ersten Moment komisch anhört – Sie lernen so, Ihre Wahrnehmung nach und nach auf den eigenen Reichtum zu richten und nicht auf die Defizite.

- Machen Sie lange Spaziergänge und Wanderungen. Erleben Sie, wie sich Ihr Körper durch die Bewegung gleichzeitig anstrengt und locker wird – und wie sich die Dinge in Ihrem Kopf fast von allein an den richtigen Platz bewegen. In der Interaktion mit der Natur relativiert sich vieles. Sie erleben selbst bei Sturm, Kälte oder Lawinenschäden, dass es immer weitergeht. Sie müssen nicht einmal wissen, <u>wie</u> etwas weitergeht – es geht ganz von allein weiter. Der Fluss des Lebens hält niemals an.

- Vergleichen Sie sich nicht mit anderen – das ist der sicherste Weg ins Unglück! Fokussieren Sie sich stattdessen auf sich selbst. Mir hat immer das Mantra „Ich bin die ich bin, und es ist gut so!" geholfen.

Ich überlegte mir oft sehr intensiv, was ich alles kann, was ich habe und wer ich bin, und schrieb es auf. Dazu gehörten durchaus auch Dinge, die auf den ersten Blick völlig selbstverständlich waren: „Ich bin gesund, ich halte viel aus, ich habe eine kräftige Konstitution, ich lebe in einer wunderbaren Umgebung, ich habe gesundes Essen, das mich nährt.

Ich habe Kraft, ich kann durcharbeiten, ich habe verschiedene wertvolle Ausbildungen genossen, ich habe große Krisen in meinem Leben überstanden. Ich bin wie eine Zirbe." Als ich das alles aufgeschrieben hatte, stellte ich fest: Das ist sehr, sehr viel!
Deshalb also: Fokussieren Sie sich auf sich selbst und Ihre Stärken. Tun Sie so, als ob Sie der erste und einzige Mensch auf dieser Welt seien und diese nun erobern wollten.

• Von meinen schamanischen Lehrerinnen habe ich gelernt, all die Dinge, die mich belasten und beschäftigen, all meine Gedanken draußen in der Natur laut auszusprechen. Hat man sich erst einmal daran gewöhnt, empfindet man das nicht mehr als befremdlich – so zumindest meine Erfahrung. Denn die Natur akzeptiert mich so, wie ich bin. Ihr ist es egal, wie ich aussehe, wie ich auftrete, wie ich mich verhalte. Alles ist so, wie es ist. Ich spreche in der Natur alles laut aus, was für mich wichtig ist – denn die Natur um mich herum ist belebt, alles in ihr ist voller Schwingungen und kommuniziert miteinander.

Als Mensch gehe ich dann einfach nur auf eine Stufe mit allem, was um mich herum ist. Ein sehr befreiendes Gefühl, das mich immens mit der Natur verbindet und dadurch großes Vertrauen in mir weckt.

Kapitel 6

Zugehörigkeit: Mit einer positiven Haltung fängt es an

Auf einmal spürte ich: Es ging nicht um meine Rolle, nicht um Äußerlichkeiten, Status oder Machtinteressen. Sondern es ging um mich. Um den Kern dessen, was mich als Mensch ausmachte.

Eines Abends machte ich mich gleich nach der Arbeit im Konsulat auf den Weg nach Long Island. Dort hatte ich in einem kleinen Ort, etwa anderthalb Stunden Autofahrt von Manhattan entfernt, eine Verabredung. Ich wusste nicht genau, was auf mich zukommen würde, deshalb war ich ein wenig nervös.

Wie würden die anderen Frauen mich aufnehmen? In der Stadt, auf diplomatischem Parkett, fühlte ich mich sicher. Da wusste ich, was ich zu sagen und wie ich aufzutreten hatte, damit ich meiner Rolle gerecht wurde: Ich musste möglichst freundlich und sympathisch wirken, mir gleichzeitig Respekt verschaffen und unglaublich auf der Hut sein, denn ich konnte nie wissen, wer da vor mir stand.

Diese Haltung war typisch nicht allein für die Diplomatie, sondern überhaupt für das Leben in New York – bloß keine Schwäche zeigen, keine Angriffsfläche bieten, immer zügig vorwärts, mit einem Lächeln im Gesicht.

Dort, wo ich nun hinfuhr, kannte ich die Regeln nicht. Ich wusste nicht, wer mir wie begegnen würde. Als ich endlich in dem kleinen Ort ankam und mein Auto parkte, war ich froh, das richtige Haus überhaupt gefunden zu haben – denn mittlerweile war es dunkel.

Navis waren damals noch nicht verbreitet. Statt an der Tür zu klingeln, schritt ich wie angewiesen um das Haus herum und durch ein kleines Tor direkt in den Garten. Schon von Weitem sah ich den Schein eines Feuers. Über den Rasen ging ich dort hin.

Als ich mich dem Feuer näherte, erkannte ich, dass etliche Frauen in einem Kreis um die Flammen saßen – manche auf Matten, andere auf kleinen Hockern oder Klappstühlen.

Eine der Frauen erhob sich, als ich in den Schein des Feuers trat. Sie begrüßte mich und ich erkannte ihre Stimme.

Es war Deep Arrow Woman, eine schamanische Heilerin. Mit ihr hatte ich am Telefon gesprochen, nachdem eine Freundin aus meinem Yoga-Kurs mir empfohlen hatte, zu ihr zu gehen.

Deep Arrow Woman hatte mich direkt zu diesem Circle eingeladen. Nun bat sie mich, Platz zu nehmen. Die anderen Frauen rückten ein bisschen zusammen, um Raum für mich zu schaffen.

Ich setzte mich. Fand eine bequeme Position auf der Erde. Schaute zu dem Vollmond, der über dem Garten hing. Blickte in die freundlichen Gesichter der anderen, von denen mir einige zur Begrüßung ein Lächeln schenkten. Dann sah ich ins Feuer. Und merkte auf einmal, wie ich aufatmete. In mir war ein tiefes Gefühl von „Das kenne ich!". Ich spürte unglaubliche Erleichterung. Hier saßen Menschen zusammen, im Kreis um ein Feuer.

Das war die Urform des menschlichen Zusammenseins – in unserer DNA verankert seit zigtausenden von Jahren.

Ich konnte förmlich spüren, wie meine Rolle, die ich sonst immer spielte, von mir abfiel.

„Who are you?" – das war die Frage, die Deep Arrow Woman schließlich allen Frauen im Circle stellte.

Und ich fühlte genau: In diesem Kreis spielten mein Status, mein Job, meine Durchtrainiertheit, meine Kleidung keine Rolle.

Ich war nicht besser oder schlechter als die anderen. Hier konnte ich so sein, wie ich war. Hier konnte ich mich als Mensch angenommen fühlen, ungeachtet dessen, was ich darstellte oder leistete. Das bewegte mich zutiefst. Tränen standen mir in den Augen.

Zwei Wege zur Heilung: Offenheit und Rückmeldung

All das geschah, als ich das erste Mal in einem der Circles von Deep Arrow Woman saß. Ich ging danach noch viele Male in den Garten auf Long Island, um mit den anderen Frauen in einem Kreis ums Feuer zu sitzen. Es wurde zu einem festen Ritual für mich, das mich nach und nach stärkte und innerlich heilte – und wenn ich hier von „heilen" oder „Heilung" schreibe, dann meine ich damit nicht, dass etwas in mir krank oder nicht in Ordnung war. „Heilung" heißt vielmehr für mich, dass ich mich durch die verschiedenen Rituale und Gespräche von alten, emotionalen Lasten befreien konnte.

Im Circle saßen wir nie nur schweigend zusammen. Ein „Talking Stick" machte die Runde – jede, die diesen traditionellen Redestab, wie ihn indigene Völker verwenden, hatte, durfte etwas in den Kreis hinein sagen. Und jede sagte, was sie zu sagen hatte. Es gab keine Widerrede, kein Argumentieren. Alle sprachen sehr offen über sehr persönliche Dinge, sodass es mir manchmal fast zu viel wurde. Als ich das erste Mal an die Reihe kam, war es für mich schwierig. Ich war es gewohnt, besonders klug zu sprechen und nachvollziehbare, gute Argumente zu haben. Aber hier war nun überhaupt nicht gefragt, dass ich mich positionierte, dass ich besser war als die anderen. Hier wollten die anderen wissen, wie es mir ging, was ich dachte.

„Who are you?" Mir fiel es schwer, mich in dieser Form zu öffnen und über mich selbst zu erzählen – und nicht das zu sagen, was politisch opportun war.

Das kannte ich aus meinem Job nicht, dort hatte ich immer nur zu erzählen, was für mein Land wichtig war, im Rahmen der von der Zentrale in Wien abgesegneten Sprachregelungen.

Meine eigenen Gedanken waren uninteressant. Ich musste die Position meines Landes und seiner Wirtschaft vertreten und mich im Zweifelsfall selbst verleugnen. Im Kreis um das Feuer herum durfte ich es wagen, mich zu öffnen, ich selbst zu sein und das auszudrücken, was ich wirklich fühlte. So sorgte der Circle dafür, dass ich wahrnahm, was mir wichtig war, und äußerte, was ich über die Welt um mich herum dachte, ganz unabhängig von diplomatischen Anforderungen. Nach und nach konnte ich mich wieder mit mir selbst verbinden. Das war der erste Schritt hin zu meiner Stärkung und Heilung.

Der zweite Schritt bestand darin, Rückmeldung von den anderen Frauen zu bekommen, die mit mir im Kreis saßen. Durch ihre Empathie, ihr Mitgefühl und ihre Sicht auf die Dinge fühlte ich mich angenommen und aufgehoben.

„We are all one" – das war die Haltung, die wir alle zueinander einnahmen und auf die auch unsere Lehrerin sehr achtete. Wir nahmen uns Zeit füreinander, um auf all das einzugehen, was die anderen sagten, und ihnen genau die Hilfe anzubieten, die jeder von uns auch selbst zuteilwurde. Es war ein Geben und Nehmen. Wir fühlten uns verantwortlich füreinander. Wir fragten: „Was brauchst du heute von uns? Was würde dir helfen?" Und gaben uns genau das. So wie auch wir die Hilfe annahmen, die wir für uns selbst brauchten. Diese Hilfe reichte auch über die regelmäßigen „Sitzungen" im Circle hinaus.

Als ich mich einmal in New York einer Operation unterziehen musste, kam eine der Frauen aus dem Circle, begleitete mich ins Krankenhaus, brachte mich anschließend nach Hause und blieb bei mir, bis ich mich wieder um mich selbst kümmern konnte. Das beeindruckte mich tief. Es gab mir ein starkes Gefühl von Zugehörigkeit, von Sicherheit, von Zuhause.

Dabei war es beileibe nicht so, dass wir immer und immer wieder mit denselben Problemen, Fragen und Bitten in den Circle kommen konnten. Im Gegenteil, spätestens nach der zweiten Wiederholung kam die Rückmeldung aus dem Kreis: „Das war es jetzt. Entweder du lernst, mit deinem Problem umzugehen und das anzunehmen, womit wir Dich unterstützen, oder du musst das mit dir selbst ausmachen!"

Es gab im Circle also auf der einen Seite viel Geduld mit uns und unseren Themen – und andererseits den Anspruch, dass wir aus dem lernten, was uns im Circle gegeben wurde. Es kam nicht infrage, immer wieder dieselben alten Platten aufzulegen. Wer von uns es trotzdem versuchte, wurde von den anderen schnell in die Schranken gewiesen. Deshalb war der Circle nicht immer lieb und nett, sondern durchaus auch eine Herausforderung. Aber eine, die auf mich heilsame Wirkung hatte.

Schmerzhafte Prozesse

Trotz äußerlichem Erfolg oder gehobenem Status fühlen sich viele Menschen in ihrem Leben nicht wohl. Sie spüren eine Unruhe, eine unerklärliche innere Leere, ein Defizit. Oft haben sie ihr Bewusstsein für Zugehörigkeit verloren. Sie fühlen sich nicht mehr richtig ver- oder geankert. Heilung können sie finden, indem sie der Leere in ihrem Inneren nachspüren und sich ihr stellen.

Sie machen sich bewusst, wie es ihnen wirklich geht, verbinden sich mit sich selbst und nehmen das Unwohlsein erst einmal an, statt es zu unterdrücken oder zu betäuben. Dieser Prozess kann sehr unangenehm sein – vor allem dann, wenn Menschen sich dabei eingestehen müssen, dass sie Hilfe brauchen. Sich helfen lassen bedeutet immer auch, vom Ego und dem Selbstverständnis als starke, unabhängige, erfolgreiche Person abzurücken.

Es führt dazu, sich nicht mehr allein über die Karriere zu definieren oder diese sogar hinter sich zu lassen. Menschen lernen, zuzulassen, dass ihnen geholfen wird. So können sie ihr Gefühl von Zugehörigkeit neu aktivieren.

Wir sind soziale Wesen – ohne Hilfe von anderen Menschen können wir nicht leben. Es ist zutiefst menschlich, sich einzugestehen, dass man Hilfe braucht, sich an andere zu wenden und sie darum zu bitten.

Die Tatsache, dass ein Bedürfnis nach Hilfe heute oft als Schwäche interpretiert wird, zeigt nur den Grad der Entfremdung und der Abgeschnittenheit von unserem wahren Sein, den wir erreicht haben. Wer sich aber traut, die Hand auszustrecken, wird entdecken: Andere Menschen sind wunderbar!

Wenn wir Probleme haben und Hilfe brauchen – und das geht uns allen so! – dürfen wir darum bitten. Wir bekommen die nötige Hilfe dann auch.

Ich war immer sehr stark. Gerade deshalb mutete ich mir aber auch viel zu viel zu, beruflich wie privat. Ich bat nie um Hilfe. Das hätte ich als Schwäche empfunden. Stattdessen verschloss ich mich, als die Last kaum noch zu ertragen war, zog mich immer mehr zurück und gab viele soziale Kontakte einfach auf.

Das wiederum beraubte mich meiner wichtigsten Ressourcen – ich konnte nirgends mehr auftanken. Es fehlte mir, mich in Gesellschaft anderer Menschen zu entspannen. Ich kreise nur noch um mich selbst und geriet in einen Teufelskreis aus schwarzen Gedanken.

Wenn Psychotherapeuten heute einen neuen Klienten vor sich haben, dann fragen sie ihn oder sie oft als Erstes: „Haben Sie ein soziales Netzwerk? Stehen Sie in einem guten Kontakt zu Freunden und Familie? Mit wem reden Sie, wenn es Ihnen schlecht geht?" Früher waren diese Fragen nicht so üblich; die Therapeuten richteten den Fokus viel stärker auf die Vergangenheit und die familiären Konstellationen ihrer Klienten. Heute weiß die Psychotherapie, wie wichtig positive soziale Kontakte sind.

Auch die Glücksforschung belegt in vielen Studien, dass ein stabiles soziales Umfeld der entscheidende Faktor für das Glück und damit auch die Gesundheit eines Menschen ist – bis ins hohe Alter übrigens.

Deshalb fragen heute auch die Menschen, die in den Alten- und Pflegeheimen arbeiten, neue Bewohner der Einrichtung, welche Kontakte noch zu Freunden und Familie bestehen.

Anhand dessen können sie zuverlässig einschätzen, wie gut oder schlecht es dem Bewohner geht und wie stabil er psychisch ist. In Kapitel 2 schrieb ich es schon: Einsamkeit macht Menschen krank und senkt ihre Lebenserwartung. Nicht zuletzt deshalb, weil ihr Zugehörigkeitsgefühl verloren geht.

Das betrifft nicht nur alte Menschen, sondern auch junge – die Zugehörigkeit, die ihnen die sozialen Netzwerke im Internet vorgaukeln, hilft hier letztlich nicht.

Eine Community schafft Zugehörigkeit

„We are all one" – das ist die Essenz dessen, was ich in dem Circle bei Deep Arrow Woman lernte. Sich in einem Kreis einzufinden, empfinden heute nicht alle Menschen als angenehm. Die „Stuhlkreise" haben beispielsweise in Unternehmen nicht bei allen einen guten Ruf. Ich kann dieses Unbehagen nachvollziehen. Wer sich in einen Kreis mit anderen Menschen setzt – ob nun mit oder ohne Feuer in der Mitte – zeigt sich so, wie er ist.

Da ist kein Tisch, kein Rednerpult, keine Barriere zwischen sich und den anderen. Die Körperhaltung ist klar zu erkennen. Es gibt keine Hierarchie, die sich durch die Sitzordnung ausdrücken ließe. Im Kreis sind alle gleich. Und gehören zusammen.

Wer sich innerlich öffnet, um diese Zusammengehörigkeit zu spüren, verbindet sich dadurch nicht nur mit sich selbst und den anderen im Kreis, sondern auch mit unserer Geschichte als Menschen. Im Kreis zu sitzen, ist uns eingeschrieben – das tun wir seit zigtausenden Jahren.

Wir sind eine Gemeinschaft, wir sind voneinander abhängig. Das, was jeder Einzelne von uns tut, wirkt sich auf jeden anderen von uns aus. „Your actions matter and you are part of something bigger" – auch das lernte ich im Circle. Ich hörte es dann auch bei anderen indianischen Zeremonien, an denen ich später teilnahm.

Was in einem Circle geschieht, ist dies: Es bildet sich eine temporäre Gemeinschaft, eine Community, die den Menschen, die sich hier einfinden, das Gefühl von Zugehörigkeit und Angenommensein vermittelt. Diesen Effekt können Sie auf unterschiedliche Art und Weise in Ihr Leben holen – jenseits aller Stuhlkreise im beruflichen Kontext und auch jenseits aller indianischen oder anderen Zeremonien, bei denen Menschen um ein Feuer herumsitzen.

Wenn Sie sich einer Gruppe oder einer Community anschließen wollen, um Ihr Zugehörigkeitsgefühl zu stärken, können Sie sich zunächst fragen: Was interessiert mich wirklich? Was wünsche ich mir, gemeinsam mit anderen Menschen zu erleben? Lassen Sie dabei Karriereaspekte erst einmal außen vor. Überlegen Sie also nicht, welche Gruppe oder Gemeinschaft

Ihnen für Ihre Karriere nützlich sein könnte. Sondern fragen Sie sich, welche Gruppe sich mit dem beschäftigt, was Ihnen im Kern Ihres Menschseins wichtig ist. Ob das dann am Ende auf die Mitgliedschaft in einem Sportverein hinausläuft, auf politisches, soziales oder ökologisches Engagement, auf musikalische Aktivitäten, ist fast schon egal.

Folgen Sie Ihrem Herzen. Wenn Sie merken, dass es die Art von Gemeinschaft nicht gibt, die Sie sich vorstellen – rufen Sie selbst eine ins Leben! Das kann auch eine Nachbarschafts-Community sein oder eine eigene Gruppe in Ihrer Gemeinde. Schaffen Sie aktiv für sich selbst und andere einen Rahmen, einen Raum, der Ihnen allen das Gefühl von Zugehörigkeit und einer gemeinsamen Mission gibt.

Jeder Tag bietet unzählige Möglichkeiten, um Zugehörigkeit zu spüren

Was kann ich anderen geben, wenn ich mich einer Gruppe anschließe? Das ist in meinen Augen entscheidend für ein Gefühl der Zugehörigkeit. Wie kann ich mich einbringen? Was kann ich konkret tun?

Seit einiger Zeit gibt es im Montafon, meiner Heimat, eine Seniorenbörse. In ihr haben sich Senioren zusammengeschlossen, die anderen Senioren unentgeltlich helfen, ihren Alltag zu bewältigen. Ob nun der Rasen zu mähen ist, Einkäufe zu erledigen sind oder der tropfende Wasserhahn repariert werden muss – ein Anruf genügt. Als ich mit dem Präsidenten dieser Seniorenbörse sprach, merkte ich, welche Freude mir allein schon der Gedanke machte, welche Tätigkeiten ich wohl anderen anbieten würde, wenn ich dort Mitglied wäre. Ich werde selbst irgendwann Seniorin sein; mich dann dieser Gruppe anzuschließen, reizt mich sehr.

Anderen Menschen zu helfen, gibt uns immens viel. Und es muss nicht einmal eine große Hilfe sein. Ob ich jemand anderem die Tür aufhalte, ihm für seine Arbeit danke, meiner Nachbarin helfe, die Einkäufe ins Haus zu tragen, oder die Katze einer Freundin versorge, während diese im Urlaub ist – in diesen Momenten verändert sich so viel für mich, nur weil ich für einen anderen Menschen eine Kleinigkeit getan habe. Ich übernehme in diesen Situationen Verantwortung und fühle mich als Teil eines großen Ganzen. Jeder kleine Beitrag schafft Zugehörigkeit.

Als ich vor Kurzem auf einem Bahnsteig des Wiener Hauptbahnhofs stand und auf den Railjet wartete, sah ich eine ältere Dame, die gerade in einen Zug einstieg und sich mit ihrem Koffer sehr schwer tat. Ich ging hin und fragte sie, ob ich ihr helfen könne. „Nein, danke, ich habe Hilfe", sagte sie. „Aber schön, dass Sie fragen – das tut sonst nie jemand!" Schon in diesem kurzen Moment fühlte ich mich mit diesem anderen Menschen verbunden und einem großen Ganzen zugehörig. Um diese Gefühle zu erleben, muss ich also noch nicht einmal Teil einer Gruppe oder Community sein, sondern ich kann damit sofort anfangen, direkt vor meiner Haustür.

Allein schon auf der Straße jemandem in die Augen zu sehen und ihn oder sie anzulächeln, hat diesen Effekt. Es gibt so vieles, was wir tun können: E-Mails in einem netten Ton schreiben, auch wenn wir noch so sehr im Stress sind. Menschen freundlich grüßen, die wir auf Bürofluren, im Haus oder auf der Straße treffen. Servicekräfte respektvoll behandeln. Kollegen fragen, ob wir ihnen etwas mitbringen können, wenn wir außer Haus gehen, um uns einen Imbiss zu besorgen. Jeder einzelne Tag bietet unzählige Möglichkeiten.

Your thoughts create reality

Alles beginnt mit unseren Gedanken. Sie erschaffen unsere Realität. Das bedeutet: Ich kann nicht nur darauf warten, dass andere Menschen mich in eine Gruppe aufnehmen. Ich muss vielmehr gegenüber den Menschen auch positiv gestimmt sein.

Am Anfang steht die innere Haltung, die ich gegenüber anderen einnehme. Denke ich: „Wie unmöglich benimmt die sich denn? Und der da, wie der schon aussieht! Wie kann man nur so rumlaufen!?" – dann beeinflusse ich damit unbewusst die Haltung der anderen Person mir gegenüber.

Ich erlebe oft, dass nicht nur einzelne Menschen schlecht über andere denken und reden, sondern ganze Familien oder Teams in Unternehmen. Sie geraten in negative Gedankenstrudel. Wenn einzelne oder ganze Gruppen so denken und reden, vertieft dies nur die Gräben. Das Trennende zu überwinden und Zugehörigkeit möglich zu machen, gelingt nur demjenigen, der bei seinen eigenen Gedanken, seiner eigenen Haltung ansetzt – und genau prüft, wie er über andere Menschen denkt und redet. Ist da noch Wohlwollen und Akzeptanz? Oder ist da das Trennende schon angelegt? Gemäß dem Law of Attraction – Gleiches zieht Gleiches an – erzeugen trennende, abwehrende Gedanken über andere Menschen gerade erst jene Nichtzugehörigkeit und Isolation, die jemand eigentlich nicht erleben möchte.

Als meine Tochter einmal Schwierigkeiten mit ihrem damaligen Freund hatte, kam sie zu mir und erzählte mir davon. Seine Art, mit Konflikten innerhalb der Beziehung umzugehen, gefiel ihr überhaupt nicht, und sie machte ihrem Ärger darüber bei mir Luft. Noch bevor ich etwas dazu sagen konnte, meinte sie: „Aber, Mami, bitte denk nicht schlecht über ihn! Er ist völlig okay. Ich rege mich zwar gerade über ihn auf, aber das heißt nicht, dass er ein schlechter Mensch ist. Du sollst das auf keinen Fall über ihn denken!"

Dies zeigte mir: Meine Tochter konnte gut trennen zwischen dem, was sie an ihrem Freund gerade ärgerte, und dem, was er ihr grundsätzlich bedeutete und was sie an ihm liebte. In ihr wohnte die tiefe Überzeugung, dass dieser Mensch gut war und dass sie ihn genauso akzeptierte, wie er war. Das ist für mich ein Beispiel für einen guten Umgang mit einer schwierigen zwischenmenschlichen Situation.

Diese beiden Ebenen zu trennen, ist auch im Unternehmen wichtig. Selbst wenn wir die eine oder andere Entscheidung der Unternehmensleitung kritikwürdig finden und uns schwer damit tun, sie umzusetzen – wenn wir die Haltung haben, dass im Großen und Ganzen alles in Ordnung ist mit den Menschen, die unsere Vorgesetzten sind, und auch mit allen anderen und dem Unternehmen an sich, dann erfahren wir ein Gefühl der Zugehörigkeit. Wir geraten nicht in ein Gedankenkreisen, in dem alles immer größer, mächtiger und schlimmer wird – so lange, bis uns die Erfahrung von Entfremdung und Getrenntsein überwältigt und wir das Unternehmen nur noch verlassen möchten.

Denken Sie also nie schlecht über andere Menschen. Steigern Sie sich nicht ins Negative hinein. Gewichten Sie richtig. Bewerten Sie das nicht über, was Sie an anderen Menschen stört. Das führt nur dazu, dass Sie am Ende kaum noch an etwas anderes denken. Grundsätzlich ist erst einmal alles okay, was andere tun. Mit dieser Grundhaltung des Wohlwollens fängt es an. Und dann schauen Sie doch einmal, was sich im Außen zeigt. *Your thoughts create reality.*

Wie Sie Zugehörigkeit erleben

- Entwickeln Sie keinen falschen Stolz, wenn Sie in bestimmten Bereichen oder Situationen Ihres Lebens nicht gut klarkommen: Bitten Sie andere um die Hilfe, die Sie brauchen.

- Wenn Sie sich einer Gruppe anschließen: Überlegen Sie als Erstes, was Sie für die anderen tun können – bevor Sie darüber nachdenken, was Sie von der Gruppe haben wollen.

- Wenn Sie keine Gruppe oder Community finden, der Sie sich gerne anschließen möchten, dann gründen Sie selbst eine! Ob in der Nachbarschaft oder in der Gemeinde: Lokale Nähe zu anderen Menschen erzeugt echte Zugehörigkeit. Wenn Sie sich eine Internet-Community suchen oder selbst eine gründen, dann sollten regelmäßig Treffen stattfinden, um Zugehörigkeit auch tatsächlich erleben zu können.

- Überlegen Sie, wie Sie auch ohne eine Gruppe oder Community Zugehörigkeit und Verbindung erfahren – beispielsweise, indem Sie anderen Menschen, denen Sie zufällig in Ihrem Alltag begegnen, Ihre Hilfe anbieten. Oder ihnen so begegnen, dass sie Momente der Freude erleben, die ihren Tag erhellen.

Dafür kann schon ein Lächeln ausreichen.

Kapitel 7

Entschleunigung: Nur in der Ruhe können Wurzeln wachsen

Ich gehe. Langsam. Noch langsamer. Ich setze mich hin. Ich schaue. Ich schließe meine Augen. Ich atme. Ich mache mich zu einem Teil des Waldes.

Japan, Anfang der 1980er-Jahre. Ich hatte mein Studium in Innsbruck unterbrochen, um in Sapporo eine Stelle anzutreten. Bei einem Stahl- und Baukonzern war ich verantwortlich für einen Teil der internationalen Korrespondenz. Die fremde Kultur, die Sprache, die Menschen, das ganz andere Leben dort – alles war ein großes Abenteuer. Zunächst fand ich es schwierig, an die Einheimischen Anschluss zu finden.

In der Millionenstadt Sapporo auf der Insel Hokkaido, ganz im Norden Japans, kamen die Menschen damals – anders als in Tokio oder Osaka – noch kaum in Berührung mit Europäern. Dementsprechend gab es nirgendwo Hinweise auf Englisch. Als blonde Frau wurde ich in der Öffentlichkeit überall angestarrt. Umso glücklicher war ich, als ich engeren Kontakt zu einer japanischen Arbeitskollegin fand und wir uns schließlich anfreundeten.

Eines Tages lud mich diese Kollegin zu einem Wochenendausflug ein: Zusammen mit ihren Eltern wollten wir quer über die Insel Hokkaido fahren, um dann in einem ausgedehnten Waldgebiet einige Shinto-Schreine zu besuchen und ganz allgemein die Insel, auf der ich bereits ein Jahr lebte und arbeitete, kennenzulernen. Ich war begeistert! Als der große Tag kam, war ich bestens ausgerüstet: Ich trug meine Sportschuhe, hatte eine Regenjacke sowie ausreichend Proviant und Wasser in meinen Rucksack gepackt. Zuerst fuhren wir etliche Kilometer über die Insel – es war mein erster Ausflug, seit ich in Sapporo angekommen war.

Hokkaidos Berggipfel ragen bis zu 2.300 Meter über den Meeresspiegel auf. Unterwegs hatten wir immer wieder fantastische Ausblicke über die Berge und auf die kleineren vorgelagerten Inseln im Pazifik.

Irgendwann kamen wir in einem großen Waldgebiet an. Schon als wir aus dem Auto ausstiegen, sah ich die riesigen Bäume, die dort überall wuchsen – uralte Zedern. Herrlich! Ich fühlte mich sofort wie zu Hause. Voller Schwung schulterte ich meinen Rucksack, plauderte über dies und das und merkte kaum, dass die anderen gar nicht darauf eingingen. Ich konnte es gar nicht erwarten, dass wir endlich losgingen. Als wir uns für einen der Waldwege entschieden hatten, schritt ich in meinem üblichen Tempo forsch voran. Endlich konnte ich mich mal wieder so richtig bewegen!

Nachdem ich ein paar Minuten lang flott vorangeschritten war, stellte ich auf einmal fest, dass meine Freundin und ihre Eltern gar nicht mehr bei mir waren.

Hatte ich sie abgehängt? War ich zu schnell gewesen? Das konnte doch nicht sein! Gerannt war ich nun auch wieder nicht. Ich ging den Weg ein Stück zurück – und da sah ich die drei.

Sie standen ein bisschen abseits des Weges, mitten unter den Bäumen. Der Vater meiner Freundin ging sehr langsam umher, ihre Mutter machte ein paar Meter entfernt unter einer uralten Zeder einige Chigong-Übungen. Meine Freundin stand einfach nur da und schaute sich um. Sie war ganz in sich gekehrt. Was war denn nur mit ihnen los? Warum waren sie nicht weiter auf dem Weg geblieben? Irgendwas stimmte hier nicht.

Ich ging langsam zu meiner Freundin. Als ich bei ihr angekommen war, schaute sie mich an und lächelte.

„Are you alright?", fragte ich sie. Ich muss wohl eine sehr besorgte Miene aufgesetzt haben, denn sie grinste mich belustigt an. „Yes, everything's perfect", antwortete sie. „We just enjoy quietness of the forest!"

Entschleunigung ist die Voraussetzung für Verbindung

Was ich an jenem Tag im Wald mit meiner japanischen Freundin und ihren Eltern erlebte, legte den Grundstein für das, was ich heute selbst intensiv lebe und auch an andere Menschen weitergebe: Tempo aus dem eigenen Leben, aus der eigenen Bewegung zu nehmen, um sich dann umso tiefer mit der Natur und schließlich sich selbst verbinden zu können. Es geht um Entschleunigung als Vorstufe zur Verbindung.

Meine Freundin und ihre Eltern zeigten mir eindrucksvoll, wie sich das umsetzen lässt. Als die drei mir erzählt hatten, dass wir einen Ausflug in die Wälder Hokkaidos machen würden, war sofort ein inneres Bild von Bewegung, von ausdauerndem Wandern in meinem Kopf entstanden. Ich wollte möglichst lange möglichst weit gehen. Diesen Menschen ging es aber gar nicht darum, etwas Bestimmtes zu tun – sondern einfach nur zu sein. Einmal in der Natur angekommen, schlenderten sie deshalb umher, gingen ganz langsam, hielten inne, setzten sich hin, nahmen bewusst und intensiv wahr, was um sie herum geschah und sich zeigte. Sie atmeten. Sie spürten. Sie machten sich zu einem Teil des Waldes.

In Japan pflegen die Menschen seit jeher eine sehr innige Bindung zur Natur – sie sehen Blumen und Bäume nicht als etwas, das sie betrachten, sondern als etwas, womit sie leben. Schon in den 1.000 Jahre alten Gedichten der Japaner werden Dichter mit Blumen gleichgesetzt. Die westliche Vorstellung, dass der Mensch als Krone der Schöpfung über der Natur steht, weil Gott ihn nach seinem Ebenbild geschaffen hat, existiert in Japan nicht. Dort ist der Mensch ein selbstverständlicher Teil der Natur.

Heute sind fast 70 Prozent der Fläche Japans von Wald bedeckt – und so verwundert es nicht, dass das auch im deutschsprachigen Raum immer populärere „Waldbaden" aus Japan stammt. Das Konzept gibt es dort schon sehr lange. Die Tradition geht auf die Shinto-Mönche zurück. Der Shintoismus gilt als die frühe ethnische Religion Japans, die – zusammen mit dem Buddhismus, mit dem sie sich vielfach vermischt hat – auch heute noch die bedeutendste religiöse Praxis der Japaner ist. Der Shintoismus ist ein überwiegend mündlich überliefertes Glaubenssystem, nach dessen Überzeugung die gesamte Natur mit ihren Pflanzen, Tieren, Bergen, Steinen und Gewässern von Gottheiten bewohnt oder beseelt ist. Deshalb gingen schon die frühen Shinto-Mönche zum Meditieren in die Natur.

Dort verbanden sie sich mit ihr, indem sie ihre fünf Sinne aktivierten und die Natur so förmlich in ihre Körper aufnahmen. Das, was meine Freundin und ihre Eltern mir an unserem Ausflugstag zeigten, war nichts anderes: eine lange Meditation, ein „Bad" im Wald. Sie saugten die Atmosphäre des Waldes auf, nahmen die Natur mit allen Sinnen wahr und bewegten sich langsam darin, in aller Ruhe.

Den Begriff „Waldbaden" (auf Japanisch 森林浴 – Shinrin Yoku) erfand übrigens 1982 der Leiter der japanischen Forstverwaltung, Tomohide Akiyama. Das war Teil einer Marketingstrategie, mit der er mehr Menschen in die schönen Wälder Japans locken wollte.

Doch was als Werbung begann, weckte schließlich das Interesse der Wissenschaft: Im Laufe der 1980er- und 1990er-Jahre begannen Forscher in Japan, aber auch weltweit zu ergründen, wie sich Aufenthalte in der Natur, insbesondere im Wald, auf Physiologie und Psychologie und damit auf Gesundheit und Wohlbefinden des Menschen auswirken. Sie belegten anhand von Messungen der Gehirnströme und Nervensignale ganz erstaunliche Dinge: Wer sich im Wald aufhält, profitiert von einem Absinken des Stresshormons Cortisol im Blut, die Pulsfrequenz sinkt ebenso wie der Blutdruck, die Aktivität des Parasympathikus (des „Erholungsnervs") steigt, wohingegen die des Sympathikus (das für Stressreaktionen zuständige Nervensystem unseres Körpers) abnimmt.

Mittlerweile ist auch wissenschaftlich belegt, dass Waldbaden nicht nur entspannt, sondern darüber hinaus das Immunsystem stärkt – denn es erhöht die Anzahl an natürlichen Killerzellen (NK-Zellen) im Blut. Diese Zellen gehören zu den Lymphozyten, sind also eine Untergruppe der weißen Blutzellen, die Tumorzellen und virusinfizierte Zellen erkennen und töten.

So belegt die Wissenschaft, was wir intuitiv schon immer fühlten, wenn wir draußen sind: Unser Körper ist in der Natur zu Hause, und wenn wir dort sind, entspannen wir uns. Menschen, die sich viel im Wald aufhalten, fühlen sich wohler, innerlich ruhiger und erfrischter. Sie sind emotional stabiler und verspüren nicht so viel Unruhe wie Menschen, die keinerlei Kontakt zu Bäumen haben. Und sie sind gesünder. Denn diese Art des Kontaktes mit dem Wald, der Verbindung mit der Natur, baut Stress ab, verjagt Ängste, sorgt für besseren Schlaf, ermöglicht ungestörte Fokussierung und kann sogar Depressionen verhindern.

Die stressabbauende Funktion des Waldbadens spielt in Japan sicherlich auch deshalb eine bedeutsame Rolle, weil die Menschen dort oft unvorstellbarem Stress ausgesetzt sind. Es gehört zur japanischen Arbeitsphilosophie und entspricht den Anforderungen der dortigen Leistungsgesellschaft, besonders viel und lange zu arbeiten und wenig Urlaub zu nehmen.

Dass Menschen mehr als 80 Stunden pro Woche arbeiten, ist in einem Viertel der Unternehmen an der Tagesordnung. Mehr als zwei Wochen im Jahr in den Urlaub zu gehen, gilt als verpönt. 2015 starben nach Angaben des japanischen Gesundheitsministeriums 96 Menschen durch Überarbeitung. 93 Selbstmorde und Selbstmordversuche hingen der Behörde zufolge mit einer zu hohen Arbeitsbelastung zusammen; weitere mehr als 2.100 Fälle zumindest teilweise. Tod durch Überarbeitung – dieses Phänomen ist in Japan so bekannt, dass es sogar ein eigenes Wort dafür gibt: Karoshi (auf Japanisch 過労死).

Für dieses Phänomen jedoch allein die japanische Mentalität und Arbeitskultur verantwortlich zu machen, wäre deutlich zu kurz gegriffen. Überall in den Industrieländern haben die Menschen heute Angst, ihren Arbeitsplatz zu verlieren – nicht nur, aber auch deswegen arbeiten sie über ihre Belastungsgrenzen hinaus. Unsicher sind Arbeitsplätze heute nicht zuletzt deshalb geworden, weil sie dem verschärften globalen Wettbewerb unterliegen. Preise für Produkte und Dienstleistungen sind gesunken und daraus folgend haben sich Jobbedingungen vielerorts verschlechtert. Was in Japan unter anderem dazu führt, dass im Dienstleistungssektor, auf dem Bau, im Einzelhandel, in sozialen Berufen und in der Gastronomie rund 40 Prozent der Beschäftigten ohne festen Vertrag arbeiten. Dass hier niemand riskiert, seinen Job zu verlieren, indem er auf Einhaltung der vereinbarten Arbeitszeit pocht oder die ihm zustehenden Urlaubstage ausschöpft, liegt nahe.

Trotz aller Technik: Wir sind ein Teil der Natur

Auch wenn Karoshi in unseren Breiten kein Phänomen ist, für das schon auf höchster amtlicher Ebene ein Problembewusstsein gewachsen wäre: Überbelastung durch Stress stellt auch bei uns ein hohes Risiko für viele Menschen, ja für die gesamte Gesellschaft dar.

Die stetig steigende Zahl derjenigen, die an Burn-out oder Depressionen erkranken, spricht Bände. Und dabei muss es noch nicht einmal zu einer Erkrankung kommen, damit Menschen merken: Moment mal, hier läuft etwas schief. Viele leiden allein schon darunter, dass sie sich nicht mehr gut konzentrieren und auf eine einzelne Sache fokussieren können, dass ihre innere Anspannung wächst oder dass ihr Gedächtnis schlechter wird. Sie sind nicht mehr richtig präsent im Augenblick, fliehen häufig in Tagträume oder haben Ängste, ohne zu wissen, woher sie kommen.

In meinen Augen liegen diese diffusen Gefühle des Unwohlseins zu einem großen Teil daran, dass unser Leben immer schneller wird. Und wir wollen ja auch alles immer schneller, sei es nun die Lieferung der online bestellten Waren, die Wirkung von Medikamenten oder die neueste Generation der Smartphones.

Wir träumen von Hirnimplantaten, die allen die kognitive Leistung von Genies ermöglichen, und von einem Leben auf dem Mars. Wir heben ab, sind mit Hirn und Geist irgendwo – und vergessen, dass wir seit zehntausenden Jahren ein Teil dieser Erde und ihrer Natur sind.

Wir können die Natur nicht beiseite wischen – unsere Körper und Seelen wissen das sehr genau und senden die entsprechenden Botschaften an unseren Verstand. Wir fühlen uns entfremdet, wenn wir wochenlang ohne Unterbrechung an Schreibtischen in geschlossenen Räumen sitzen. Und wir erleben Gefühle der Verbundenheit und des Wohlseins, wenn wir uns nach draußen begeben, frische Luft atmen, den Himmel über uns betrachten und alle Lebewesen wahrnehmen, denen wir begegnen.

Entschleunigung ist der erste Schritt dazu, diese Verbindung wieder zu spüren. Die Devise lautet: Tempo rausnehmen. Aus dem eigenen Leben, aus der Bewegung. Sich bewusst machen, dass wir ein Teil der Natur sind, egal, wie viel Technik sich auch um uns herum befinden mag. Das Waldbaden findet in meinen Augen auch deswegen so einen großen Anklang, weil die Menschen genau das spüren und eine tiefe innere Sehnsucht nach einem Raum in der Natur haben, in dem sie diese Verbindung zu den Wurzeln ihres Menschseins spüren.

Im ersten Kapitel dieses Buches habe ich Ihnen von meiner Alaska-Reise erzählt. Diese Reise hatte meine Sehnsucht nach der Natur wieder sehr stark entfacht. Als ich danach wieder ins laute und schnelle New York eintauchte, suchte ich nach einem Weg, diese Sehnsucht im Alltag zu stillen. Während mir das nach und nach gelang, fand ich heraus, dass ich dadurch automatisch mein Leben entschleunigte. Und indem ich das tat, konnte ich mich immer intensiver mit der Natur um mich herum und dadurch auch wieder mit meiner eigenen Natur verbinden.

Jeden Morgen noch vor der Arbeit ging ich nun in den Central Park. Unsere Wohnung lag drei Blocks davon entfernt. Das hieß, dass ich nach nur vier Minuten Fußweg dort war – an den meisten Tagen morgens gegen sechs Uhr. Ich nahm mir dann immer ungefähr eine Stunde Zeit für mich. Während dieser Stunde ging ich äußerst langsam durch den Park. Dabei mied ich die asphaltierten Wege und ging auf kleinen, naturbelassenen Pfaden, soweit dies möglich war. Manchmal suchte ich mir eine ruhige Stelle, rollte meine Yogamatte aus und machte Yoga. Oder ich setzte mich einfach nur unter einen Baum und machte einige Atemübungen. Ich beobachtete auch immer sehr genau, was um mich herum geschah. Wie sich die Blätter und Äste der Bäume im Wind bewegten. Wie die Vögel in der Erde pickten und nach Würmern suchten, wie sie umherflatterten, wie sie auf irgendwelchen Sträuchern oder Bäumen saßen und ihr Morgenlied sangen. Was die Waschbären veranstalteten. Wie die Kaninchen über die Wiesen hoppelten. Es gab so viel Leben in diesem Park!

Über diesen Beobachtungen mit allen Sinnen wurde ich innerlich immer ruhiger. Diese Stunde am Morgen gehörte mir allein. Es war der einzige Moment des Tages, in dem Ruhe in meinem Leben herrschte. Den Rest der Zeit war ich damit beschäftigt, von hier nach dort zu eilen, meine To-do-Listen abzuarbeiten, mich um meine Familie zu kümmern und in meinem Job das Beste zu geben. Morgens zwischen sechs und sieben im Central Park konnte ich einfach nur sein, mich dem Rhythmus meines Atems hingeben. Es war dann nichts anderes für mich zu tun. Diese Stunde gab mir immer eine heitere Gelassenheit und eine unaufgeregte Entschlossenheit, die mir sehr dabei halfen, den vielen Anforderungen und Erwartungen von außen zu begegnen, die jeden Tag an mich herangetragen wurden.

Diese tägliche Stunde half mir nicht zuletzt auch, meine überbordende Sehnsucht nach der Natur zu befriedigen, die seit Alaska in meinem Herzen eingezogen war. Die Wolkenkratzer und Straßenschluchten New Yorks mit all den hektischen Menschen und hupenden Autos kamen mir nun oft sehr seltsam vor. Ich spürte zwar deutlich, dass die starke Energie und das hohe Tempo der Stadt mich auch faszinierten und anzogen.

Gleichzeitig wusste ich aber sehr genau, dass ich hier nicht auf Dauer würde leben können. Durch meine morgendlichen Runden im Park hatte ich einen Weg gefunden, zu entschleunigen und mich für den Rest meiner Zeit hier in New York gut zu erden und zu verankern.

Zelebrieren Sie Achtsamkeit

Was können Sie tun, um Ihren Alltag zu entschleunigen, auch wenn Sie keine Zeit haben sollten, morgens eine Stunde nach draußen zu gehen? Es sind wie immer die kleinen Schritte, die zählen: An jedem Tag gibt es viele, viele Momente, in denen Sie das Tempo drosseln können. Beobachten Sie sich einmal selbst – wie gehen Sie morgens aus dem Haus?

Haustür auf, raus, direkt rein ins Auto und weg? Das können Sie natürlich so machen. Sie können aber auch erst einmal kurz innehalten, sobald Sie das Haus verlassen haben.

Riechen Sie die Luft. Hören Sie auf die Vogelstimmen, das Quietschen der Straßenbahn vielleicht, vorbeifahrende Autos, Schulkinder, die schreiend auf dem Schulhof umherrennen. Schauen Sie um sich, bevor Sie zum Auto gehen. Was sehen Sie? Und wenn Sie zum Auto gehen: Tun Sie es langsam, setzen Sie ganz bewusst einen Fuß vor den anderen. Bevor Sie die Autotür aufmachen, um einzusteigen, halten Sie noch einmal inne, nehmen einen tiefen Atemzug und achten Sie intensiv auf das, was sich um Sie herum abspielt.

Solche Momente der Achtsamkeit und Entspannung können Sie den ganzen Tag über immer wieder in Ihre Abläufe einbauen. Sie ändern dadurch die Energie in sich und um Sie herum. Es dauert nur ein paar Sekunden, und schon sind Sie entschleunigt.

Wenn ich – so wie jetzt im Moment, in dem ich an diesem Buch arbeite – im Haus meiner Mutter in Schruns im Montafon bin, dann freue ich mich jeden Tag auf den Moment, in dem ich aus dem Haus gehe. Schon bevor ich die Haustür aufmache, schaue ich durch das Fenster nach draußen. Wenn ich die Haustür geöffnet habe, atme ich erst einmal die Luft tief ein und schaue, ob in der großen Tanne die Amsel sitzt, die sich dort oft einfindet.

Dann blicke ich hinüber zum Nachbarhaus, um vielleicht die Nachbarin zu sehen. Bevor ich losgehe, halte ich einen weiteren Moment inne – dann erst bewege ich mich Richtung Auto. Ich genieße jeden Schritt. Bedanke mich bei Mutter Erde: „Danke, dass ich auf dir gehen darf!" Anschließend schaue ich in den Himmel, ins Blau oder zu den Wolken und bedanke mich auch beim Himmel, dass er entweder sonniges Wetter oder Regen für die Pflanzen bringt.

All das zu tun, beruhigt mich zuverlässig – es nimmt jegliche Nervosität und Hektik aus meinem Tag. Was ich danach tue, geschieht mit einer größeren Gelassenheit.

Über den Tag hinweg immer wieder solche Achtsamkeitsminuten zu zelebrieren, Momente zu schaffen, in denen Entspannung und Entschleunigung möglich sind, bringt in meinen Augen mehr, als einmal in der Woche in die Yoga-Stunde zu hetzen. Wenn Sie an Ihrem Arbeitsplatz einfach nur einen Moment aufstehen, aus dem Fenster schauen und ganz bewusst wahrnehmen, wie sich vielleicht die Blätter eines Baumes im Wind bewegen – dann hilft das schon, einen kleinen Abstand zwischen sich und die sich ewig überschlagenden Anforderungen des Alltags zu bringen. Es geht gar nicht darum, sich über den ganzen Tag in einem Zen-Zustand zu halten – sondern darum, sich immer wieder selbst zu beruhigen. Wenn Sie dies üben, werden Sie mit der Zeit feststellen – nicht sofort, denn so etwas ist immer ein Prozess! – dass sich etwas verändert. Wahrscheinlich geraten Sie nicht mehr so schnell in Hektik und regen sich seltener auf. Sie werden mit schwierigen Situationen leichter fertig – weil Ihre Gedanken klarer sind und Sie sich besser fokussieren können.

Neurologen und Neuropsychologen haben in Studien belegt, dass Momente der Entschleunigung, Achtsamkeit und Präsenz – die im Grunde eine Form der Meditation sind – unsere Hirnfrequenzen verändern. Das Gehirn schwingt in unterschiedlich starken Frequenzen, je nachdem, ob wir wach sind oder schlafen, ob wir aktiv oder entspannt sind. Je öfter sich das Gehirn im niedrigfrequenten Bereich der Theta- und Deltawellen befindet, desto weniger gestresst und angespannt sind wir. Unter anderem durch entschleunigende Achtsamkeitsübungen, Yoga oder Meditation versetzen wir unser Gehirn gezielt in diese niedrigfrequenten Schwingungen.

Ich gehe heute keine anspruchsvolle Aufgabe mehr an, ohne vorher dafür gesorgt zu haben, dass ich ganz im Augenblick präsent bin. Vor jeder Veranstaltung, die ich leite, vor jeder Führung, die ich anbiete, und vor jedem Vortrag, den ich halte, ziehe ich mich für ein paar Minuten zurück, stelle oder setze mich aufrecht hin, öffne meinen Brustkorb weit und atme tief.

Ich lege die eine Hand auf meinen Bauch und die andere darüber auf den Brustkorb, damit ich meine tiefen, regelmäßigen Atemzüge mit den Händen spüren kann. Weil ich das schon oft praktiziert habe in meinem Leben, kann ich mich auf diese Art und Weise sehr schnell erden. Ich werde wach und aufmerksam – für alles, was sich in mir selbst abspielt, aber auch für das, was von außen kommt. So fühle ich mich auch immer gut vorbereitet auf das, was ich anschließend zu meistern habe.

Wie Sie entschleunigen

• Wenn Sie einen Arbeitsschritt abgeschlossen haben: Gehen Sie nicht sofort zum nächsten über. Setzen Sie eine Zäsur, verlassen Sie Ihren Schreibtisch, gehen Sie irgendwohin, wo Sie rausschauen können (oder am besten ganz nach draußen), beobachten Sie intensiv alles um sich herum, atmen Sie tief durch.

• Bevor Sie eine Präsentation oder einen Vortrag halten: Gehen Sie nicht noch einmal Ihre Folien oder Unterlagen durch, sondern ziehen Sie sich einen Moment zurück und stellen Sie sich die Situation und Energie in dem Raum vor, in den Sie gleich hineingehen: Welche Energie wünschen Sie sich dort? Lebhafte und interessierte Zuhörer?

Begeisterte Zuhörer? Stellen Sie sich vor, wie die Teilnehmer auf Sie reagieren sollen.

• Wenn Sie Leiterin oder Leiter eines Meetings sind, in dem es gerade besonders hektisch wird und jeder versucht, seine Argumente noch lauter anzubringen: Sagen Sie „Stopp!". Nehmen Sie einen tiefen Atemzug und versuchen Sie, alle Teilnehmer ebenfalls in diese Ruhe zu bringen. Runter vom Gas!

• Vergessen Sie schließlich nie: Wer gut sein will, muss langsam machen – und vor allem präsent sein im Hier und Jetzt.

Kapitel 8

Loslassen: Wer Ballast abwirft, macht Platz für Freude und Leichtigkeit

Ich setze mich hin, komme zur Ruhe, werde still. Ich stelle mir den Menschen vor, dem ich etwas zu sagen habe. Dann rede ich mit ihm. In Gedanken.

„Gerlinde, wie schön, dass du da bist!" Mein Bruder stand mit ausgebreiteten Armen in der Tür zu seinem Haus und hieß mich willkommen. Wir hatten uns lange nicht gesehen, viel zu lange nicht, wie immer. Aber nun hatte ein Treffen endlich geklappt. Hinter mir lagen drei Stunden Autobahnfahrt in die Zentralschweiz, und ich freute mich jetzt darauf, zusammen mit ihm in der Küche zu stehen und ein feines Abendessen zu kochen – denn das war der Plan.

Eine Stunde später – wir hatten gerade das Gemüse für die Ratatouille klein geschnipselt und prosteten uns mit einem ersten Glas Rotwein zu – klingelte mein Handy. Es war unsere Mutter. Mir schwante nichts Gutes. Ich ging ran. „Servus, Mami, schön, dass du anrufst!", sagte ich. „Johannes und ich stehen gerade in seiner Küche und kochen uns was Feines." Schweigen am anderen Ende. „Mami, was ist – geht's dir nicht gut?" Immer noch Schweigen. Mein Puls ging schneller. Was war da los? Dann endlich konnte ich die Stimme meiner Mutter hören, ganz leise und schwach klang sie. „Gerlinde, kannst du ganz schnell kommen? Ich bin gestürzt und kann mich nicht mehr bewegen. Alles tut mir weh."

Keine drei Minuten später saß ich wieder in meinem Auto und fuhr so schnell wie möglich aus der Schweiz hinüber ins Montafon. Und ganz ehrlich: Ich war wütend. Da hatten mein Bruder und ich es einmal geschafft, einen gemeinsamen Termin zu finden, und dann musste unsere Mutter ausgerechnet da so unglücklich stürzen, dass nichts mehr ging?

Irgendwie war es seit Jahren dasselbe: Hatte ich meinen Alltag einmal im Griff, lief alles endlich mal so, wie ich es geplant hatte und mir vorstellte, kam prompt irgendein Drama mit meiner Mutter dazwischen.

Als ich unser Haus in Schruns erreicht hatte und auf die Haustür zu rannte, sah ich durch die eingelassene Glasscheibe schon, dass meine Mutter im Vorraum auf dem Boden lag. Um Himmels willen! Ich schloss die Tür auf und war endlich bei ihr. Sie war zum Glück bei Bewusstsein und ansprechbar. Auf der linken Seite des Brustkorbs tat es ihr am meisten weh.

Irgendwie schaffte sie es mit meiner Hilfe, aufzustehen und mit mir zum Auto zu gehen. Wir rasten ins Krankenhaus. Dort kümmerten sich dann die Ärzte und Pfleger um sie. Sie hatte zwei Rippen gebrochen, war dehydriert, hatte etliche Hämatome und eine Gehirnerschütterung. Aber alles in allem war es nicht so schlimm wie befürchtet, und sie musste auch nur eine Nacht im Krankenhaus bleiben.

Schwierig wurde es erst, als sie wieder nach Hause kam. Weil sie sich wegen der gebrochenen Rippen kaum bewegen konnte und immer noch starke Schmerzen hatte, konnte sie nichts mehr selbst machen.

Es war vorbei mit dem selbständigen Leben. Deshalb war auch klar: Ich würde erst einmal dableiben und meine Mutter versorgen müssen. Diese Erkenntnis schickte mich auf eine Achterbahnfahrt zwischen Mitgefühl und Wut. Meine Mutter tat mir unsagbar leid, wie sie so hilflos dalag und nicht mehr viel mitbekam, weil sie von den vielen Schmerzmitteln halb weggetreten war. Andererseits war ich sauer, denn ich würde Aufträge verlieren oder gar nicht mehr bekommen, weil ich mich ja nun um meine Mutter zu kümmern hatte und mein Business vernachlässigen musste. Ein kaum zu überwindender Zwiespalt!

Doch ich schaffte es schließlich, alle meine negativen Gefühle loszulassen. Ich erinnere mich noch genau an den Moment, in dem mir das gelang: Es war an einem Abend, vier Tage nach der Entlassung meiner Mutter aus dem Krankenhaus. Ich hatte sie für die Nachtruhe vorbereitet, es war alles erledigt, im Haus herrschte eine friedliche Stille. Ich saß in unserer großen Wohnküche am Tisch, vor mir eine Tasse mit Getreidekaffee, die ich mir gerade zubereitet hatte.

Ich war völlig erschöpft, körperlich und seelisch. Als ich so dasaß, mit der dampfenden Tasse vor mir, und den Tag noch einmal Revue passieren ließ, kam auf einmal die Erkenntnis über mich (und es fühlte sich wirklich so an, als käme diese Erkenntnis von irgendwoher angeflogen): „Gerlinde, du hast jetzt zwei Möglichkeiten: Du kannst mit Wut, Groll und Widerwillen hier weitermachen. Oder du kannst diese Situation so annehmen, wie sie ist, und all die Wut, den Groll und den Widerwillen loslassen!"

Als diese Sätze in meinem Inneren aufstiegen, war ich sofort erleichtert. Denn im selben Moment war auch klar, für welche der beiden Möglichkeiten ich mich entscheiden würde.

Mein Business war jetzt unwichtig. Das Leben rief mich – ein mir nahestehender Mensch brauchte mich, und ich war in der Lage, ihm das zu geben, was er brauchte. Alles hatte seinen guten Grund. Ich würde loslassen und darauf vertrauen, dass alles gut werden würde. Ich musste mir keine Sorgen machen, wichtige Auftraggeber zu verlieren. In diesem Moment, als ich dieses Gefühl von „Ich muss! Wie schrecklich, wie furchtbar!" losließ, kam quasi sofort ein anderes Gefühl in mir hoch: eine tiefe Zuneigung zu meiner Mutter. Ich spürte selbst eine starke Mütterlichkeit in mir und die Hingabe, mit der ich mich um meine Mutter kümmern wollte und konnte.

Ich sah ganz klar: Hier kann ich Gutes tun, und das ist mir gerade deutlich mehr wert, als mich meinem Business zu widmen. Dort, am Küchentisch, vor meiner Kaffeetasse, nahm ich einen tiefen Atemzug, holte mir dann Stift und Papier und erstellte eine Liste der Kunden, die ich gleich am nächsten Tag über meine Situation informieren wollte. Und unter diese

Liste schrieb ich: „Jetzt bin ich hier in Schruns, tue alles, was notwendig ist, damit meine Mutter über den Berg kommt, und ich mache das Beste daraus. Ich lasse meinen Groll und meine Wut los."

Annehmen, was ist

Wir alle, Sie genauso wie ich, stecken in unserem Alltagstrott. Wir gehen unseren Berufen nach, haben Familie, versorgen unsere Kinder, planen Urlaube, feiern Feste. Und wir alle haben unsere Vorstellungen davon, wie unser Leben auszusehen hat.

Wie wir unsere Karriere gestalten, unsere Partnerschaft, unsere Familie. Wenn dieser Alltag aus den Fugen gerät – beispielsweise durch einen Unfall, eine Krankheit oder eine psychische Krise – wenn alles seiner Strukturen beraubt wird und nichts mehr unseren Vorstellungen entspricht, dann regen wir uns oft erst einmal auf – oder fangen an zu jammern:

Warum ich? Warum ausgerechnet jetzt? Womit habe ich das verdient? Welche Macht hält mich von dem ab, was ich eigentlich will? Und dann wieder von vorne: Warum, warum, warum? Gerade wenn es keine einfache Lösung gibt und wir gezwungen sind, umzudisponieren und vieles anders zu machen als bisher, kreisen die Gedanken und kommen nicht zur Ruhe. Der Verstand wehrt sich mit aller Macht, das Alte loszulassen und sich auf etwas Neues einzulassen. Unser Ego liebt das Gewohnte, denn das lässt sich am leichtesten kontrollieren.

Aber genau das ist es, was wir hier üben können: Unseren Verstand, den Teil des Egos, mit dem wir unser Leben regeln und steuern, einmal loslassen – und uns dem hingeben, was tatsächlich geschieht. Loslassen und Hingabe bedeuten, die Begrenzungen des Egos hinter sich zu lassen, Kontrolle aufzugeben und sich dem Fluss des Lebens anzuvertrauen. Einem größeren Ganzen. Auch wenn einem gerade ganz und gar nicht in den Kram passt, wonach dieses größere Ganze aussieht. Das Ego sieht nur die kleinen Dinge – das, was wir auf einer Mikroebene steuern und kontrollieren können. Die große Einheit dahinter – das, was wirklich zählt – sieht es dagegen nicht. Erst als ich losließ, erkannte ich, dass Mitgefühl mit einem anderen Menschen viel wichtiger war als meine gewohnten Bestrebungen, die Geschäfte am Laufen zu halten.

Loslassen heißt aber auch annehmen, was ist. Dies ist keine neue Erkenntnis, sondern altes Wissen. Es hat weltweit eine jahrtausendealte Tradition, quer durch alle Kulturen, Religionen und spirituellen Lehren. Ich lernte dies sehr intensiv in meiner Zeit mit meinen schamanischen Lehrerinnen in den USA. Oh Shinna Fast Wolf sagte immer: „Accept what is!" Damit meinte sie: Wir sollten die Aufgaben, die das Leben uns gerade präsentierte, annehmen, auch wenn sie uns noch so schrecklich erschienen. Nicht zu fragen: Warum ich, warum jetzt, warum überhaupt? Sondern: Wie gehe ich mit dieser Aufgabe jetzt um? Was tue ich damit? Ausatmen, loslassen, mich lösen von meinen Vorstellungen, wie etwas zu sein hat, einatmen und das annehmen, was ist. Das ist der Kreislauf, um den es hier geht.

Holding the space

Die Tochter einer Freundin sah sich vor einiger Zeit mit einer sehr großen Aufgabe konfrontiert: Sie hatte gerade das letzte Staatsexamen bestanden – eine der härtesten Prüfungen, die man überhaupt machen kann. Ein Jahr hatte die Vorbereitungszeit gedauert.

Diese Zeit hatte sie gut überstehen können, weil ihr Lebensgefährte ihr komplett den Rücken freigehalten hatte. Sie hatte ungestört lernen und sich ganz auf die Prüfungsvorbereitung konzentrieren können, während er sich um den Haushalt gekümmert, eingekauft und gekocht hatte.

Als alles vorbei war und sie ihre Freude über das bestandene Examen mit ihm teilen wollte, eröffnete er ihr, dass er nicht mehr könne. Er brauche Freiraum für sich und wolle erst einmal eine Zeitlang allein sein. Die Tochter meiner Freundin war am Boden zerstört. Die beiden hatten eine sehr enge Beziehung. Es fiel ihr extrem schwer, ihren Freund loszulassen und ihn seiner Wege ziehen zu lassen – zumal es auch für ihn nicht leicht war, sich zu lösen. Er sah nur für sich in seiner Situation keine andere Möglichkeit.

Jemandem mit solchem Liebeskummer zu sagen „Du musst loslassen – akzeptiere, was ist, sieh das große Ganze, gib dich dem Fluss des Lebens hin!", kann für diejenige oder denjenigen zunächst wie ein schlechter Witz erscheinen. Hinnehmen, dass der wichtigste Mensch im Leben einfach so weggeht? Vielleicht nie mehr wiederkommt? Obwohl man sich liebt und so gut zusammenpasst? Und man selbst bleibt zurück mit seinem ganzen Schmerz und seiner Trauer?

Zugegeben: Das hört sich fast schon grausam an. Meine Freundin fand das auch, als sie mir von der Situation ihrer Tochter erzählte und ich ihr entsprechend meiner tiefen Überzeugung geantwortet hatte. „Wie kann ich denn meiner Tochter bloß helfen?", fragte sie mich. Daraufhin erzählte ich ihr, was ich von Oh Shinna Fast Wolf über das „Holding the space" wusste: Die einzige Chance für die Tochter meiner Freundin bestand darin, ihrem Freund Zeit und Freiraum zu geben.

Gleichzeitig sollte sie aber die Energie für sie beide und ihre Beziehung halten, sprich: tief in ihrem Herzen daran glauben, dass es wieder gut wird – egal, wie lange es dauert, und egal, wie dieser „gute" Zustand aussehen mag.

Wir sind alle miteinander verbunden

Die Energie halten – was verbirgt sich dahinter? Zunächst einmal ist dafür wichtig, zu verstehen, dass zwei Menschen, die physisch getrennt sind, energetisch noch eng verbunden sein können. Aus der Quantenphysik kennen wir das Phänomen, dass grundsätzlich alles mit allem verbunden ist. Zeit und Raum spielen für energetische Verbindungen keine Rolle.

Es gibt Quantenteilchen, die über weite Entfernungen miteinander verbunden sind. Dies wird als „Verschränkung" bezeichnet: Zwei Teilchen, die einstmals als Paar verbunden waren, sind nach einer Trennung immer noch miteinander verschränkt. Messungen an dem einen Teilchen wirken sich sofort und unmittelbar auf den Zustand des anderen Teilchens aus. Einstein bezeichnete dies noch als „spukhafte Fernwirkung", weil das Phänomen nicht mit der damals gültigen Physik in Einklang zu bringen war. Mittlerweile ist es aber in mehreren Experimenten bestätigt.

Auch zwischen Menschen sind solche Verbindungen möglich. Wir alle kennen diese Situationen: Wir denken wie aus heiterem Himmel an einen bestimmten Menschen, und keine drei Minuten später ruft genau diese Person uns an.

Es gibt Menschen, die können fühlen, dass es einem ihnen nahestehenden Menschen schlecht geht – oder dass ihm gerade etwas Schlimmes zugestoßen ist. Wir sind alle miteinander verbunden, jederzeit, auch über große Entfernungen hinweg.

Für die Naturvölker waren solche und andere Phänomene der Verbundenheit nichts Besonderes; auch nicht für die Naturphilosophen der Antike. Sie beobachteten und dachten ganzheitlich. Das heißt, sie erkannten nicht nur die Dinge, die sie mit ihren fünf Sinnen wahrnehmen konnten, als Realität an, sondern auch die Dinge oder Phänomene, die sich außerhalb der Wahrnehmung durch ihre fünf Sinne abspielten.

„Holding the space" heißt also, dass die Tochter meiner Freundin ganz bewusst, mit guter Energie, mit Glauben und mit Hoffnung einen Platz für ihren Freund freihält. „Ich bin hier – und hier ist der Platz, an den wir beide gehören. Ich halte diesen Platz frei für dich. Du kannst hier jederzeit herkommen." Um „einen Platz halten" zu können, braucht es innere

Stärke – denn dafür muss die Tochter meiner Freundin ihre Ängste loslassen, ihr Bedürfnis nach Kontrolle, nach Sicherheit, sprich: ihr Ego. Erst dann kann sie einen energetischen Raum schaffen, der es ihrem Freund ermöglicht, irgendwann zu ihr zurückzukehren. Genauso wird es dieser Raum aber auch ihr erlauben, ihren Freund wieder mit offenem Herzen und in Liebe aufzunehmen.

Auch wenn vielen Menschen dieses Konzept intellektuell einleuchten mag – die Schwierigkeit besteht darin, es gewissermaßen vom Kopf in den Bauch zu bekommen. Es also soweit zu verinnerlichen, dass es zu einer gelebten Realität werden kann.

Von meinen schamanischen Lehrerinnen lernte ich, in Gedanken damit anzufangen – und ich praktiziere dies bis heute. Wenn ich mich also in die Tochter meiner Freundin hineinversetze und mir überlegen müsste, was ich in ihrer Situation täte, dann würde ich ihr das ungefähr so beschreiben: „Ich suche mir einen ruhigen Platz in der Natur, lasse mich dort nieder, mache ein paar Atemübungen, die mich auch innerlich beruhigen, mich erden und in das Hier und Jetzt bringen. Dann stelle ich mir vor, wie der Mensch, um den es mir hier geht, und ich wie durch ein unsichtbares Band miteinander verbunden sind. Ich rufe ihn mir ganz konkret vor Augen, stelle mir vor, wie er aussieht, was er anhat, welche Körperhaltung er eingenommen hat, wie sein Gesichtsausdruck ist, wenn er mich anschaut. Ich schicke ihm sehr liebevolle Gedanken und spreche dann innerlich mit ihm:

‚Ich bin für dich da! Möge es dir gut gehen, wo auch immer du gerade bist! Und wann immer du bereit bist, zurückzukommen – ich bin hier.'" Mit diesen Worten schafft man es, den anderen loszulassen – und sich nicht an ihn zu klammern, ihn gar zu belästigen oder mit Wut und Vorwürfen zu traktieren – gleichzeitig bleibt man über diese Gedanken in einer verbindenden Energie.

Diese Praxis entspricht einer geistigen Heilarbeit. Sie hilft uns auch in Situationen, in denen wir ein ungelöstes Thema mit einem anderen Menschen haben und dieser Mensch vielleicht nicht mehr mit uns spricht – weil wir keinen Kontakt mehr haben oder er sogar gestorben ist.

Solche ungeklärten Themen können sehr belastend sein. Da nagen dann Fragen an uns, auf die wir keine Antwort bekommen. Kaum etwas ist so

schwierig, wie im Nachhinein offene Punkte zu klären, um Verzeihung zu bitten, Anerkennung zu bekommen oder was auch immer es ist, was die Belastung ausmacht.

Es bleibt eine offene Wunde. Frieden zu schließen scheint ausgeschlossen. Aber: Selbst dann, wenn es keinen Kontakt mehr zu dem betreffenden Menschen gibt, ist es möglich, mit der Seele, dem höheren Selbst des anderen zu sprechen und die Beziehung zu klären. „Es ist alles gut mit uns beiden. Unsere Konflikte sind gelöst. Wir streiten nicht mehr. Ich lasse dich in Frieden und in Liebe los. Es ist gut so, wie es ist" – das wären beispielsweise passende Sätze.

Solche Heilarbeit kann unglaublich stark wirken. Denn diese ungelösten Themen blockieren uns, sie binden alte und neue Energien, wir denken Jahre und Jahrzehnte daran, wir träumen davon. Letztlich verhindern sie, dass wir loslassen und uns mit dem Fluss des Lebens verbinden können.

Wann immer ich Freunde in einem bestimmten Dorf besuche, erlebe ich in der Dorfgemeinschaft, welche Blockaden durch ungelöste Themen entstehen können – nämlich dann, wenn ich sehe, wie viel Energien zwei seit Jahrzehnten verfeindete Nachbarsfamilien in ihren Kleinkrieg stecken und sich mehr oder minder ihr halbes Leben damit beschäftigen, wie sie sich gegenseitig schaden können.

Auf der anderen Seite gibt es Menschen wie Nelson Mandela, der nach dreißig Jahren Haft aus dem Gefängnis kam und ohne jede Bitterkeit und mit offenem Herzen sagen konnte: „Was vorbei ist, ist vorbei." Ich denke auch an Überlebende des Holocaust, die nach langem Leidensweg wieder nach Österreich oder Deutschland zurückkehrten und mit ihren einstigen Peinigern und deren Verwandten sprechen konnten – weil sie es geschafft hatten, das Leid loszulassen, das ihnen angetan worden war.

Ein ewiger Kreislauf

„Es ist, wie es ist": Das sagt sich leicht dahin, doch dahinter verbirgt sich eine tiefe Weisheit – nämlich der gesamte ewige Kreislauf aus Loslassen, Annehmen und Aufbruch. Wir Menschen entwickeln uns immer weiter. Es geht darum, diese Entwicklungsschritte in das eigene Leben zu integrieren und dabei zu transzendieren, also in eine Ressource, eine Kraftquelle für Neues zu verwandeln. Loslassen heißt definitiv nicht verdrängen! Verdrängen kann zwar manchmal überlebensnotwendig sein, aber es blendet Dinge aus, statt sie zu verarbeiten.

Loslassen schafft Platz für Neues, und dieses Neue ist immer eine Weiterentwicklung des Alten.

Dass wir etwas nicht einfach nur verdrängt haben, merken wir meistens daran, wie erleichtert wir uns fühlen, nachdem wir ein Thema losgelassen haben.

Das, was wir da loslassen, war psychischer, emotionaler, mentaler Ballast. Fällt er von uns ab, haben Freude und Leichtigkeit wieder Platz. So, als ob nach endlosen kalten und grauen Tagen die Sonne wieder rauskommt, wir sofort besser gelaunt sind und uns unserem Alltag mit neuem Schwung stellen können – so in etwa fühlt es sich an, wenn persönlicher Ballast abgeworfen ist.

Psychisch und auch physisch erleichtert, macht sich eine große Freude darüber breit, einen inneren Entwicklungsschritt getan zu haben.

Wie Sie loslassen und dadurch mehr Freude und Leichtigkeit erleben

• Auf heilsame Art in energetische Verbindung zu anderen Menschen zu gehen, geht nicht von null auf hundert. Eine gewisse Übung ist dafür nötig, ein Hineinwachsen.

Seien Sie geduldig mit sich selbst! Um es zu üben, suchen Sie sich dafür am besten einen Platz in der Natur. Erden Sie sich dort mit den für Sie passenden Bewegungen, Atemübungen oder Ritualen.

Stellen Sie sich dann den Menschen, um den es Ihnen geht, ganz konkret vor Ihrem inneren Auge vor. Wie sieht er aus? Was hat er an? Welche Körperhaltung hat er? Wie schaut er Sie an? Schicken Sie ihm in Ihren Gedanken all Ihre Liebe und sagen Sie ihm dann, was sie ihm sagen wollen.

• Das Konzept des „Holding the space" kennen Sie im Prinzip schon aus dem letzten Kapitel. Wenn Sie sich vor einer wichtigen Präsentation oder einem Meeting nicht bis zur letzten Minute mit Ihren Unterlagen oder Folien beschäftigen, sondern sich einen Moment zurückziehen und die Situation und Energie in dem Raum vorstellen, in den Sie gleich hineingehen – dann ist auch das ein „Holding the space".

Es wappnet Sie für die anstehende Situation tausendmal besser, als wenn Sie bis zur letzten Minute Ihre Folien perfektionieren. Lassen Sie die Vorstellung von einer perfekten Präsentation los!

Beenden Sie die intellektuelle Beschäftigung damit. Trennen Sie sich aber nicht energetisch davon, sondern gehen Sie stattdessen in eine gute Energie. Das ist die beste Vorbereitung auf eine solche Situation.

• Versuchen Sie so oft wie möglich hinaus in die Natur zu gehen und tatsächlich die Dinge von oben zu betrachten. Gibt es einen Berg in Ihrer

Nähe, auf den Sie hinaufsteigen können?
Einen Aussichtsturm, der Ihnen einen Blick
auf die umliegende Gegend bietet?

Das Hinaufsteigen selbst, die körperliche
„Eroberung" des übergeordneten Blicks,
hilft schon dabei, Distanz zum alltäglichen
Geschehen zu gewinnen. Der Blick von
oben setzt die Dinge dann noch stärker ins
richtige Verhältnis.

Kapitel 9

Sinn: Wie Sie in der Natur Antworten finden

Wenn mir einmal der Blick auf das Ganze, auf den Sinn hinter allem, abhandenkommt, dann steige ich auf einen Berg. Von da oben sehe ich besser. Oder ich schaue mir etwas Kleines an – einen Käfer, eine Blume, ein Blatt. Auch in den kleinen Dingen wohnt eine ganze Welt.

Oh, nein, auch das noch! Nicht nur, dass ich vor lauter Arbeit nicht mehr wusste, wo mir der Kopf stand – nun war auch das Fallrohr verstopft. Das Abwasser aus meiner Wohnung konnte nicht mehr durch den Keller abfließen. Und um allem noch die Krone aufzusetzen, war es Gründonnerstag, also kurz vor den Osterfeiertagen. Wo sollte ich denn jetzt bitte Handwerker herbekommen?

Ich konnte die Rohrreinigung aber auch schlecht bis in die kommende Woche verschieben. Ein Anruf bei dem Installateur, den ich sonst immer beauftragte, machte das Ausmaß meiner Misere deutlich:

„Grüß Gott, hier spricht der automatische Anrufbeantworter der Firma Sanitär Müller. Sie können gerne eine Nachricht hinterlassen, persönlich sind wir nach den Feiertagen wieder für Sie da." Na, großartig!

Ich klappte meinen Laptop auf, öffnete Google und fing an zu suchen. Es musste doch auch in unserer Region einen Notdienst für verstopfte Abflussrohre geben! Einer der ersten Treffer zu meinen Suchstichworten war: „Risch reinigt Rohre AG" – und das klang genau nach dem, was ich brauchte. Ich rief die Website auf. Direkt auf der Startseite las ich: „Unser Notfalldienst steht Ihnen rund um die Uhr zur Verfügung." Da wich die Anspannung schon etwas aus meinem Körper. Ich atmete einmal tief durch und blieb noch ein wenig auf der Website, um mir einen Eindruck von dem Unternehmen zu verschaffen.

Es waren viele Fotos zu sehen von Kanalreinigungsgeräten, Reinigungsfahrzeugen, Rohren, Containern, fast wie in einem Album – hier schien jemand eine positive Beziehung zu dem zu haben, was er da als Dienstleistung anbot. Das empfand ich als wohltuend, denn ein verstopftes Rohr ist für mich und sicherlich für viele andere eine mittlere Katastrophe. In unserer hygienischen Umgebung, in der jeglicher Unrat dezent

aus dem Blickfeld entsorgt wird und wir nur wenig mit Abwässern jeglicher Art zu tun bekommen, sind wir schnell geschockt, wenn in unserer gepflegten Wohnung auf einmal übelriechende Brühe aufsteigt.

Risch nahm meinem verstopften Abflussrohr schon auf seiner Website den Schrecken. Die Firma schien so unbefangen mit Abwässern umzugehen wie andere mit Grünschnitt aus dem Garten. Als ich schließlich zum Telefon griff, schmunzelte ich noch über den Claim: „Isch Not am Ma, am Risch lüt a!" Das heißt auf Hochdeutsch: „Ist Not am Mann, ruf bei Risch an!" Und das tat ich dann auch – auch wenn hier Not an der Frau herrschte, aber da wollte ich mal großzügig sein.

Sinn heißt, etwas mit Liebe und Hingabe tun

Als mein Abflussrohr längst gereinigt war, dachte ich immer wieder einmal an die besondere Art und Weise, wie die Firma Risch reinigt Rohre AG ihren Geschäften nachging. Ich glaube, es war der Sinn, den dieses Unternehmen in einer für viele Menschen unangenehmen Tätigkeit fand, der mich faszinierte. Rohre zu reinigen heißt ja, Kunden das Leben immens zu erleichtern – und das schienen die Menschen in dieser Firma einfach zu lieben. Auch wenn Rohre reinigen alles andere als sexy oder glamourös ist. Warum dachte ich so lange darüber nach? Weil dieses Unternehmen und die Menschen dort für mich der lebendige Beweis dafür waren, dass jede Tätigkeit einen Sinn haben kann, sofern man ihr mit Liebe und Hingabe nachgeht.

Kennen Sie das Buch „Peaceful Warrior – der Pfad des friedvollen Kriegers" von Dan Millman oder die Verfilmung mit Nick Nolte in einer Hauptrolle? Darin geht es um den jungen Studenten Dan, der zu den Besten im Turnkader seiner Uni zählt. Zufällig lernt er beim nächtlichen Motorradfahren einen älteren Tankwart kennen, den er wegen seiner weisen Sprüche bald Socrates nennt. Socrates hilft Dan, weiter an sich zu glauben, als durch einen Motorrad-Unfall seine Turnkarriere beendet zu sein scheint.

Er befähigt Dan schließlich zu neuen Höchstleistungen. Nachdem Dan sich entscheiden hat, Socrates zu seinem Mentor zu machen, darf er jedoch erst einmal tagelang nur die Toiletten der Tankstelle reinigen und die Böden schrubben. Autor Dan Millman hat sich diese scheinbare Strafe nicht ausgedacht. Auch in einem buddhistischen Kloster ist es oft so: Wer dort neu ist, reinigt erst einmal die Toiletten. Eine solche Tätigkeit ist das Letzte, wozu jemand zu spirituellen Meistern geht.

Aber es steckt eine Lernaufgabe darin, es trotzdem zu tun: Wir sind auf das Außen fixiert, deshalb suchen wir auch im Außen den Sinn. Alles muss prachtvoll sein, etwas hermachen, zu Ansehen führen in der Gesellschaft, in der wir leben. Die alten Weisheitslehren besagen jedoch: Es ist egal, was wir tun – solange wir es mit Liebe und Hingabe tun. Dann kann es unserem Dasein einen Sinn geben.

Wie die innere Haltung gegenüber einer Aufgabe alles verändern kann, erlebte ich auch bei der Pflege meiner Mutter – davon habe ich im letzten Kapitel erzählt. Indem ich dem, was ich nun tue, einen

Sinn beimesse, kann ich neue Erfahrungen machen: Ich erlebe auf einmal eine intensive Nähe zu meiner Mutter und auch zu meinem Bruder, der mich nach Kräften unterstützt. Unser Zusammenhalt wird stärker. Und auch meine Mutter scheint das Umsorgtwerden zu genießen – etwas, das in dieser Form neu für sie ist.

Wenn auf einmal der Sinn fehlt

Wenn Menschen heute als Coaching-Klienten zu mir kommen, dann tun sie dies oft aus einem äußeren Anlass heraus. Vielleicht stürzt eine Trennung sie in eine Krise. Oder ein Elternteil ist pflegebedürftig geworden und nun steht ihr Leben auf dem Kopf.

Manche haben aber auch gar keine dieser existenziellen Nöte. Sie schlagen sich beispielsweise mit der Frage herum, warum andere Menschen immer auf eine bestimmte Art und Weise auf sie reagieren. Oder warum sie es nicht schaffen, sich in ihrem geschäftlichen Umfeld besser zu positionieren. Das sind auf den ersten Blick keine Dramen.

Dennoch können diese Situationen auf die Dauer genauso belastend sein wie eine Krise. Es ist dann wie in einem Alptraum, in dem man sich wahnsinnig anstrengt, vor etwas wegzulaufen, dabei aber keinen Meter vorankommt, weil man mit den Füßen im Morast feststeckt. Nach außen hin können die Betroffenen oft wunderbar den Schein wahren, aber innerlich geht es ihnen alles andere als gut. Im Austausch mit anderen erfahren sie keine Solidarität, sondern die anderen sprechen ihnen oft noch das Recht ab, sich schlecht zu fühlen – es sei doch alles bestens, heißt es dann: Was willst du denn mehr? Das Leben entspricht hier tatsächlich meist den gesellschaftlich definierten Kategorien von Erfolg, und die Betroffenen können selbst kaum in Worte fassen, warum es ihnen nicht gut geht. Über Sinn zu reflektieren, ist so ungewohnt für sie, dass ihnen die Sprache dafür fehlt.

Ausgelöst durch Krisen oder andere äußere Anlässe sehen sich meine Klienten schnell mit den tiefer liegenden Fragen konfrontiert: Warum bin ich immer gestresster? Warum will ich noch mehr Geld haben? Warum geht alles immer schneller? Was tue ich gegen dieses allgemeine Unwohlsein, das ich nicht genau erklären kann? Die großen Themen, die bislang ihr Leben bestimmt haben, sind oft Erfolg, Status, Karriere, Geld oder Führungsverantwortung.

In diesen Bereichen konnten sie sich Ziele setzen, alles dafür tun, um sie zu erreichen, und sich auch über die erreichten Ziele freuen. Und nun, nach und nach, fast schleichend, stellen sie fest: Das macht doch alles keinen Sinn mehr! Sie funktionieren nur noch, sie spielen lediglich äußerlich nach den Regeln des Gesellschaftssystems, in dem wir alle leben, aber ihr Herz und ihre Seele werden davon nicht mehr genährt.

Menschliche Gesellschaften basieren auf großen Narrativen – sinnstiftenden Erzählungen, die Werte und Emotionen abbilden und unsere Wahrnehmung der Welt filtern. Aus den großen Narrativen leiten sich dann wiederum einzelne Glaubensüberzeugungen ab. Beispiel: Wer hart arbeitet, kann es vom Tellerwäscher zum Millionär bringen!

So lautet eine Überzeugung der modernen, arbeitsteiligen Leistungsgesellschaft. Würden wir diese Narrative nicht mehr mittragen und nicht mehr nach ihren Maßgaben leben, würde unser Gesellschaftssystem zusammenbrechen.

Warum aber machen wir mit? Weil Narrative sehr mächtig sind und wir von Kindesbeinen an unbewusst von ihnen beeinflusst werden. Wir sind Teil eines Gesellschaftssystems, ob wir wollen oder nicht, und halten uns an seine Regeln, weil wir zunächst kaum eine andere Wahl haben.

Genauso wie wir Steuern zahlen, den Müll in die dafür vorgesehene Tonne entsorgen, nur bei Grün über die Ampel gehen und uns – meistens – an die Tempobegrenzungen auf den Straßen halten. Selten bis nie denken wir überhaupt darüber nach, wie das

Gesellschaftssystem entstanden ist und auf welchen Überzeugungen es basiert. Man kann sich gut in der gesellschaftlichen Logik bewegen, auch wenn sie einem gar nichts bedeutet. Aber dies allein ist noch nicht identisch mit einem Sinn.

Die Menschen, die zu mir kommen, fühlen sich oft innerlich leer. Viele fragen sich: Was mache ich eigentlich aus meinem Leben? Sie entwickeln vielleicht gerade eine neue Perspektive, eine neue Sicht auf die Welt und auf ihr Leben – können mit diesem neuen Blickwinkel aber noch nicht umgehen.

Sie sind in einem Übergangsstatus, in einem Inbetween-State, wie ich das nenne. Für sie geht es darum, zu akzeptieren, dass der Sinn auch woanders liegen kann (als im Höher-schneller-weiter unseres Gesellschaftssystems), und für sich eine Antwort auf die Frage zu finden, was ihr persönlicher Sinn sein könnte.

Sie sind auf einer Reise – wie viele Menschen in dieser Zeit. Wie ich auch. Wir wissen alle noch nicht so richtig, wo diese Reise hingeht. Aber wir spüren deutlich: Sie ist jetzt nötig, diese Reise.

Gehen Sie raus in die Natur – dorthin, wo Sie zu Hause sind

Was rate ich den Menschen, die mit Fragen nach dem Sinn ihres Lebens zu mir kommen? Zunächst einmal gehe ich mit ihnen in die Natur. Dorthin, wo sie zu Hause sind, wo es ums Wesentliche geht, wo es keine Ablenkungen der modernen Welt gibt.

Das Smartphone bitte ich sie auszumachen – Empfang gibt es ohnehin kaum dort draußen. Dann steigen wir in ein Gespräch ein, das oft mehrere Stunden dauert.

Durch Fragen rege ich sie dazu an, die äußeren Zwänge, denen sie unterliegen, zu erkennen – seien es nun Zwänge, die aus dem Gesellschaftssystem herrühren, in dem sie leben, oder solche aus ihren Familien, Partnerschaften oder Arbeitszusammenhängen. Danach ermutige ich sie, sich mit sich selbst zu beschäftigen. Die meisten Menschen haben die Verbindung zu sich selbst verloren. Ihnen fehlt die Zeit, in ihrem Inneren auf Spurensuche zu gehen.

Das holen wir hier gemeinsam nach. Ich führe die Menschen zu sich selbst zurück. Das Ziel lautet, herauszufinden, was meine Klienten wirklich,

Sinn: In der Natur Antworten finden

wirklich tun möchten. Und mit unserem Gespräch bringe ich sie dahin, sich selbst wieder zu spüren, in Kontakt mit der eigenen Leidenschaft zu kommen und zu fühlen, was ihnen wichtig ist. Meine Klienten sollen sich selbst neu kennenlernen und erfahren, wie sie wirklich gemeint sind.

Wenn Klienten nun feststellen, dass sie seit 20 Jahren etwas tun, das ihrem innersten Wunsch und Wesen nicht entspricht, dann heißt dies nicht automatisch, dass ihr gesamtes bisheriges Leben sinnlos gewesen sein muss. Ich bin zutiefst überzeugt davon: Nichts, was einmal geschehen ist, ist sinnlos im Leben.

Ich will Ihnen ein Beispiel aus meiner eigenen Biographie dafür geben: Vor 40 Jahren, als ich gerade von der Schule abgegangen war, hatte ich einen großen, sehnlichen Wunsch: Ich wollte eine Ausbildung als Gesundheitsberaterin machen. Anderen Menschen zu helfen, ein gesundes Leben zu führen, ihnen die Zusammenhänge zu vermitteln, wie sie sich gut ernähren, durch Bewegung ihren Körper fit halten und Krankheiten vorbeugen können, war mir ein echtes Herzensanliegen. Dennoch kam es anders. Nach kurzem Hineinschnuppern in das Medizinstudium – unter einem gewissen familiären Druck, aber auch aus eigenen Überlegungen heraus – entschied ich mich, Jura und Dolmetsch zu studieren. Mittel- und langfristig schienen mir die beruflichen Perspektiven mit diesen beiden Studiengängen deutlich besser zu sein als im Gesundheitswesen.

Erst heute, 40 Jahre später, habe ich die Ausbildung zur Ärztlich geprüften Gesundheitsberaterin GGB gemacht – meine Abschlussprüfung war im Sommer 2019. Für mich kommt diese Ausbildung genau zum richtigen Zeitpunkt. Denn erst heute, mit all meiner Lebens- und Berufserfahrung und dem Wissen aus den unterschiedlichsten Aus- und Weiterbildungen kann ich die Menschen, die zu mir kommen, wirklich in der Tiefe unterstützen und begleiten.

Mit Anfang 20 hätte ich das niemals vermocht. Da wäre ich mit meinen Beratungen an der Oberfläche geblieben. Heute kann ich viel stärker den ganzen Menschen sehen, den ich vor mir habe, kann viel intensiver aus der Kraft meiner Erfahrung und meiner Intuition schöpfen. Deshalb sage ich mir: Alles ist gut. Mein Lebensweg ist genau so verlaufen, wie ich ihn gebraucht habe – nur auf der Basis dieses Lebenswegs kann ich heute die Dinge tun, die ich tun möchte, und sie vor allem so gut tun, dass sie anderen wirklich nützen und helfen.

Je früher die Krise kommt, desto besser

Lebenskrisen sind immer Wendepunkte. Sie sind schwierig durchzustehen, sind mit Drama verbunden, mal laut, mal leise. Meiner Beobachtung nach gibt es kaum Menschen, deren Leben ohne eine Lebenskrise verläuft – und ich bin zutiefst überzeugt davon: Diese Krisen sind gut. Sie ermöglichen und beschleunigen Entwicklung. Deshalb: Je früher sie im Leben eines Menschen eintreten, desto besser. Aber selbst wenn man erst mit 50 oder noch später den (bisherigen) Sinn seines Lebens infrage stellt, ist es noch längst nicht zu spät.

Man gibt dann vielleicht seinem Leben oder seiner Karriere keine gänzlich neue Richtung mehr. Sondern fragt sich eher: Was kann ich aus dem, was ich bislang gemacht habe, mitnehmen? Welches Potenzial für die Zukunft verbirgt sich dahinter? Wie lassen sich die Stationen meines Lebens zu einem Gesamtkunstwerk verbinden? Zu spät ist es im Leben erst dann, wenn man auf dem Sterbebett liegt und sich eingestehen muss: Ich habe keine Freude empfunden in diesem Leben. Vorher hat fast jeder Mensch die Chance, sein Leben so zu gestalten und es vor allem so zu deuten, dass er es als sinnhaft empfindet.

Die Frage „Wie konnte ich damals nur diese oder jene Entscheidung treffen?" ist kontraproduktiv. Ich sollte nie eine frühere Situation aus heutiger Sicht bewerten. Sondern diese Situation eher wie ein interessierter Beobachter anschauen, wie ein Forscher – ein sehr wohlwollender Forscher.

„Was habe ich denn damals gemacht? Und warum habe ich das gemacht? Was ist damals passiert? Was habe ich mir dabei gedacht? Welche Vorstellungen hatte ich damals?" Meine Entscheidungen von früher im Nachhinein zu bewerten, ist schwierig. Ich kann das immer nur aus der Perspektive meines damaligen Ichs tun: „Damals war ich der Überzeugung, dass meine Entscheidung gut und richtig für mich war. Ich habe mich damals für diesen Beruf entschieden, weil es mir wichtig war, in meinem Beruf gutes Geld zu verdienen. Dann habe ich mich weiterentwickelt und heute sehe ich das anders – heute würde ich mich für einen Beruf entscheiden, der besser zu mir passt."

Wenn ich gemeinsam mit Klienten auf diese Art reflektiere, achte ich dabei sehr auf die Worte, die die Klienten verwenden. Ich gehe dann gemeinsam mit ihnen in die Forscher-Rolle – neugierig und offen. Hat der Klient damals die Entscheidung für einen bestimmten Beruf aus eigener Überzeugung getroffen oder weil die Eltern es so von ihm wollten? Sollte dies tatsächlich der Fall sein – „Eigentlich hätte ich ja einen ganz anderen Beruf ergriffen!" – ist es eine besondere Herausforderung, es kein bisschen geringzuschätzen, was er dann tatsächlich zu seiner Profession gemacht hat. Von einem Gefühl der verpassten Chance und des verfehlten Sinns wegzukommen und sagen zu können: „Ich bin richtig gut in dem, was ich all die Jahre gemacht habe – und kann auf der Basis dieser Erfahrungen noch viele andere Dinge gut!", ist keine leichte Übung, aber es geht.

Eine wichtige Voraussetzung dafür ist, den Beruf oder Lebensweg, der einem vielleicht lieber gewesen wäre, nicht zu idealisieren. Wie man mit dem vermeintlichen Traumberuf tatsächlich zurechtgekommen wäre, muss zwangsläufig im Dunkeln bleiben – und darüber zu spekulieren, ist wenig zielführend. Weitaus konstruktiver ist es, zu überlegen, wie man seine ursprünglichen Wünsche und Vorstellungen heute anders leben könnte. Dass ich meine Ausbildungen zur Bergwanderführerin, Naturführerin und Ärztlich geprüften Gesundheitsberaterin erst so spät in meinem Leben gemacht habe, erfüllt mich mit tiefem Glück und großer Freude – und ich bin mir sicher: Hätte ich diese Ausbildungen damals schon absolviert, wäre am Ende nie diese für mich so erfüllende Bandbreite an Tätigkeiten herausgekommen, die auszuüben mir nicht nur sinnstiftend erscheint, sondern die auch anderen Menschen hilft, den Herausforderungen ihres Lebens besser zu begegnen.

Wenn Sie sich auf die Suche nach dem Sinn in Ihrem Leben machen, ist in erster Linie wichtig: Nehmen Sie sich die Zeit und die Muße, sich mit sich selbst auseinanderzusetzen. Vertrauen Sie den spontanen inneren Impulsen, die Sie bei dieser Auseinandersetzung verspüren. Gehen Sie Ihren Herzenswünschen nach und folgen Sie Ihrer Intuition! Das braucht Mut, ja. Der uns heute oft fehlt.

Wir wollen es allen recht machen, konform sein, nichts tun, was andere vielleicht verstört oder ihnen missfällt. Und das infrage zu stellen, was alle anderen vermeintlich als sinnvoll, erfolgreich, konform empfinden, erfordert viel Mut! Aber: Es ist Ihr Leben! Und Sie ganz allein sind dafür zuständig und verantwortlich, ihm die Bedeutung und den Sinn zu geben, der zu Ihnen passt und Ihnen das Gefühl vermittelt, dass Sie mit Ihren Fähigkeiten, Talenten und Wünschen genau das tun, was Ihnen und anderen guttut.

Wenn es um tiefe und wichtige Entscheidungen im Leben geht, ist die Natur der beste Platz, um sich dazu Gedanken zu machen. Denn dort wird unser Herz berührt. Wenn wir das zulassen, dann entscheiden wir nicht nur rational, sondern auch intuitiv und mit Gefühl. Nur dann sind wir wirklich bei uns selbst. Und nur dann treffen wir Entscheidungen, die richtig für uns sind und auch langfristig bestehen.

So finden Sie den Sinn in Ihrem Leben

• Stellen Sie sich die richtigen Fragen: Was tun Sie am liebsten? Wenn Sie einen Wunsch frei hätten – wie lautete der? Was würden Sie tun, wenn Sie auf einmal sehr viel Geld zur Verfügung hätten, aber dennoch arbeiten sollten? Oder anders formuliert: Was würden Sie arbeiten, wenn Sie keine Geldsorgen, aber dafür die Möglichkeit hätten, das zu tun, was Sie schon immer tun wollten?

• Wenn Sie das herausgefunden haben und feststellen, dass Ihre jetzige Tätigkeit kilometerweit weg ist von dem, was Sie eigentlich wollen oder gut können, dann fragen Sie sich: Warum tue ich das? Wenn Sie es eigentlich hassen, jeden Tag vor einem Computer zu sitzen, warum tun Sie es dann und schaden dadurch Ihrer psychischen und physischen Gesundheit?

• Wenn Sie an das denken, was Sie schon immer tun wollten, aber bislang noch nicht gewagt haben: Verspüren Sie diesen Wunsch nach wie vor? Wenn ja: Gibt es eine Möglichkeit, diese Tätigkeit heute auszuüben? Alleine oder mit jemandem zusammen? Vielleicht in einem kleineren Rahmen? Spielen Sie mit diesen Überlegungen! Überlegen Sie, wie Sie in kleinen Schritten vorgehen können, die sich in Ihr jetziges Leben integrieren lassen.

• Fragen Sie sich außerdem: Was kann ich aus dem, was ich bislang gemacht habe, mitnehmen? Welches Potenzial für die Zukunft verbirgt sich dahinter? Wie lassen sich die Stationen meines Lebens zu einem Gesamtkunstwerk verbinden?

• Gehen Sie hinaus in die Natur, wenn Sie sich mit diesen Fragen beschäftigen. Dort sind Sie nicht abgelenkt, weder durch andere Menschen, noch durch Lärm oder durch Ihr Smartphone (und falls Sie wider Erwarten Empfang haben sollten, schalten Sie Ihr Smartphone unbedingt aus!).

Die Natur wirft Sie auf das Wesentliche zurück. In den Bergen oder auf einem Aussichtsturm gewinnen Sie ganz leicht eine übergeordnete Sicht auf die Dinge; darüber schrieb ich im letzten Kapitel schon. Sie können aber auch genau andersherum vorgehen und als Vorbereitung auf die Auseinandersetzung mit Ihren Fragen etwas ganz Kleines in der Natur genau beobachten – einen Käfer, eine Ameise, eine Blume, ein Blatt. Beobachten Sie einfach, ohne groß zu denken. Dann fragen Sie sich, was der Sinn des Lebens dieses kleinen Lebewesens ist.

Darüber kommen Sie zu den tiefer liegenden Schichten Ihres Denkens und Fühlens und gewinnen gleichzeitig Abstand dazu.

Epilog

In den letzten 200 Jahren hat eine Naturzerstörung ungeahnten Ausmaßes stattgefunden. Wir vernichten täglich unseren eigenen Lebensraum. Es geht dem Planeten nicht gut, auf dem wir leben, und es geht uns nicht gut. Trotz allen Fortschritts, trotz allen Reichtums: Die Menschen fühlen sich überfordert, einsam, getrennt von sich selbst und anderen. Wenn wir draußen in der Natur sind, verstehen wir jedoch intuitiv, dass wir weder einsam sind noch getrennt von anderen. Wir begreifen dort aber auch, dass alles zusammenhängt. Dass nichts auf diesem Planeten unabhängig von anderem existieren und überleben kann. Unser Geist und unser Körper sind eins. Die Natur und wir sind eins. Was wir ihr antun, tun wir uns selbst an.

Alles ist eins – wenn wir diesem Grundsatz folgen, dann meistern wir nicht nur den Alltag gut, führen nicht nur uns selbst und andere gut. Sondern wir kommen in einen organischen Rhythmus und Fluss.
Wir folgen dann den natürlichen Vorgängen, kämpfen nicht immerzu gegen etwas – gegen uns selbst, gegen unsere innere und gegen die äußere Natur, die uns umgibt.

Wir finden zu einer Natursicht zurück, die unsere Vorfahren gehabt hatten, zu einem hingebungsvollen Respekt vor dem, was unsere Erde uns gibt.

Und dieser Respekt ist dringend nötig. Denn er ist Voraussetzung dafür, dass wir aufhören, unseren Planeten zu verletzen, auszubeuten und uns damit unserer Lebensgrundlage zu berauben. Wenn jeder Mensch seine Verbindung zur Natur spürt, dann geht er ganz von selbst viele kleine Schritte, die in der Gesamtheit den Planeten retten werden. Die Definition dieser Schritte den Politikern zu überlassen, die daraus Gesetze machen, reicht nicht. Richten wir deshalb zuerst den Blick auf uns selbst – wie das gehen kann, habe ich in diesem Buch beschrieben.

Der wohlwollende, verbundene, vertrauensvolle Blick auf uns selbst erlaubt uns, auch anderen mit Wohlwollen, Verbundenheit und Vertrauen zu begegnen – und schließlich dem großen Ganzen, dem Planeten, auf dem wir gemeinsam leben. Die Richtung geht von innen nach außen. Deshalb ist das, was ich Ihnen hier geschildert habe, keine narzisstische Beschäftigung mit sich selbst. Sondern der Beginn einer Entwicklung, an deren Ende die Menschheit in Verbundenheit mit sich selbst und der Natur auf einem gesunden Planeten weiterleben kann.

Über die Autorin

Gerlinde Manz-Christ ist in den Bergen und in der Stadt aufgewachsen. Von Kindheit an lernte sie bei ihren Großeltern in den Montafoner Bergen uralte Weisheiten des bäuerlichen Lebens im Einklang mit der Natur. Sie war schon damals fasziniert von der Schönheit der Berge und Wälder, von der Ruhe und Kraft, die sie ausstrahlten.

Gleichzeitig hatte sie unbändiges Fernweh, wollte die weite Welt erkunden, in fremde Sprachen und Kulturen eintauchen. Deshalb studierte sie Rechtswissenschaften, internationale Beziehungen und Sprachen – und wurde Diplomatin. 25 Jahre lang baute sie Brücken zwischen ihrem Heimatland Österreich und Japan, Senegal, Israel, der Schweiz und New York und wurde schließlich Regierungssprecherin im Fürstentum Liechtenstein. In all diesen Jahren half ihr immer ihre enge Beziehung zur Natur, ihre jeweiligen Herausforderungen als Karrierefrau und Mutter zu meistern.

Heute baut Gerlinde Manz-Christ immer noch Brücken. Als ausgebildete Natur- und Bergwanderführerin, Kommunikationsexpertin und Ärztlich geprüfte Gesundheitsberaterin GGB vermittelt sie zwischen Mensch und Natur. Sie kombiniert dabei altes Erfahrungswissen mit neuen wissenschaftlichen Erkenntnissen, um den Menschen wieder mit sich selbst und seiner Umwelt zu verbinden.

So unterstützt sie in ihren Coachings, Seminaren und Retreats gestresste Menschen dabei, zur Ruhe zu kommen, tief durchatmen zu können und wieder Sinn und Freude in ihrem Tun und in ihrem Leben zu finden.

Kontakt

www.manz-christ.com
diplomatin@manz-christ.com

Bücher zum Weiterlesen

Rolf Dobelli: Die Kunst des digitalen Lebens, Piper, 2019
Der Autor beschreibt die befreiende Wirkung eines Lebens ohne News aus eigener Erfahrung. Er hat sich radikal ausgeklinkt und fordert seine Leser auf, die Kunst eines stressfreien digitalen Lebens mit klarerem Denken, wertvolleren Einsichten und weniger Hektik zu entdecken. Sie werden auf einmal mehr Zeit haben, die Sie nutzen können für das, was Sie bereichert und Ihnen Freude macht.

Alice Huth (Hg.): Das große Buch der Achtsamkeit, Fischer, 2018
Achtsamkeit gehört zu den großen Themen unserer hektischen Zeit. Entschleunigung, Gelassenheit und Ruhe wollen gelernt sein und bewahrt werden. Mit den Gedanken großer Autoren führt dieses Buch durch die Jahrzehnte und zu innerer Klarheit – eine kleine Auszeit, die den Kopf frei macht und Platz schafft für neue Energie.

Richard Louv: Das Prinzip Natur – Grünes Leben im digitalen Zeitalter, Beltz, 2012
Je mehr Hightech, desto mehr Natur brauchen wir! Richard Louv zeigt, wie wir trotz GPS, Smartphone, Technik und Internet wieder mitten in der Natur leben können. Eine Fülle von Ideen und Projekten aus aller Welt, dazu Interviews und persönliche Berichte, verbunden mit Ergebnissen aus Neurobiologie, Ökopsychologie und Städtebau

– sie alle zeigen uns die Natur als Mittel der Entschleunigung, als unverzichtbaren Ruhepol im hektischen Alltag. Wenn wir es schaffen, ihre Kräfte zu nutzen, wird es uns möglich sein, gesünder, stressfreier und wieder intensiver zu leben.

Maximilian Moser und Erwin Thoma: Die sanfte Medizin der Bäume, Servus, 2014
Bäume lassen jeden von uns gesünder und länger leben. Noch vor einigen Jahren galt die Heilkraft des Holzes als Volksmeinung, inzwischen ist ihr großer Nutzen auch von der etablierten Medizinforschung wissenschaftlich bestätigt. Dieses Buch entdeckt das uralte Wissen um die heilende Kraft des Waldes neu und beantwortet Fragen wie: Welches Holz beeinflusst meinen Organismus positiv? Wie stärke ich meine Abwehrkräfte mit selbst gemachten Naturheilmitteln? Was kann ich tun, um wieder besser zu schlafen?

Jon Young: What the Robin knows, Mariner Books, 2013
Das Wissen um die Vogelsprache ist eine alte Disziplin, die von Naturvölkern auf der ganzen Welt perfektioniert wurde. Dieses Buch vereint das Wissen der Naturvölker, die neuesten Forschungsergebnisse und die Erfahrung des Autors aus vier Jahrzehnten auf diesem Gebiet, um uns zu einer tieferen Verbindung zu den Tieren und letztendlich zu einer tieferen Verbindung zu uns selbst zu führen.

Bildquellennachweis

Amber, Conrad – 56/57, 95, 110, 116/117, 124, 131, 139, 162/163, 173, 180, 204, 206, 209, 216/217, 237

Auer, Maria – 167

Hopfner, Stefanie – 227

Klocker, Monika – 102

Manz-Christ, Gerlinde - 31, 40, 44/45, 106, 187

Montafon Tourismus GmbH – 197, Stefan Kothner (73), Daniel Zangerl (80, 84), Patrick Säly (90, 153), Andreas Haller (231)

Müller, Frank C. – 23

Peyrer, Gerhard – 67

sboriskov – 34